당신은 성령받았습니까?

악령받았습니까?

KB191700

지은이 권영구

초판 발행 2025년 4월 4일

펴낸 곳 기적

등록번호 제390-2023-000032호

주소 경기도 광명시 하안로 60 광명테크노파크 E동 E1015호

전화번호 010-5950-4109

FAX 02) 899-9189

홈페이지 www.cross9191.com / www.52ch.kr

구입문의 010-5950-4109, 02) 2615-0019

ISBN 979-11-987239-5-6 93230

값 15,000 원

저자와의 협약아래 인지는 생략되었습니다.

이 출판물은 저작권법에 의해 보호를 받는 저작물이므로 무단 전재와 복제를 할 수 없습니다.

당신은 성령 받았습니까?

악령 받았습니까?

권영구 지음

기적

머리말

 교회에 나와 첫 번째로 기도할 것은 성령님이 자신에게 임하여 달라는 기도다. 그러나 대부분의 사람들은 이것을 모른다. 가르쳐 주는 사람이 없기 때문이다. 처음 교회에 나온 사람들은 자기 소원을 이루어 달라는 기도를 한다.

 하나님이 계시는지도 모르고 기도하는 것이다. 성령이 임하여 성령 체험을 하고 나면 하나님이 믿어진다. 그러면 구원도 받고 하나님 믿는 기쁨도 있다. 그다음에 소원을 기도하는 것이 순서이다.

 성령이 자기 속에 임하기를 구하는 기도는 매일 간절하게 해야 한다. 때로는 금식 기도도 필요하다. 성령을 받는 것은 매우 중요한 일이기 때문에 쉽게 받지 못한다. 매우 간절하게 간구해야 받을 수 있다.

 성령을 받으면 하나님께 인정도 받는 것이고, 영생을 얻어 천국에도 들어가게 된다. 그리고 성령이 충만하게 되면 마귀와 귀신의 방해도 쉽게 이긴다. 그리고 자신의 인생이 좋은 방향으로 바뀐다.

 이 책을 읽는 모든 성도가 성령 충만하기를 소망한다.

 교회는 세 가지를 잘해야 한다.
 첫째는 기도하는 교회가 되어야 한다.
 목회자와 성도들이 하나같이 기도를 많이 하는 교회가 되어야 성령 하나님의 역사가 매일 일어나게 되고, 성도들의 영혼이 살아계신 하나님을 경험하여 열심히 충성하게 된다.
 둘째는 전도하는 교회가 되어야 한다.
 초대교회처럼 모이면 기도하고 흩어지면 전도하는 생활을 해야 한다. 그런데 현대교회는 아무것도 하지 않는다. 그러면서 교회가 부흥되지 않는다고 말한다. 아주 모순된 말을 하고 있다.
 전도하려면 성도들이 기도 많이 하여 성령 충만해야 하고, 그 충만한 상태로 나가서 복음을 전하고 능력을 행하여 하나님이 살아계시는 것을 전해야 한다. 말이 아니라 초대교회 성도들처럼 능력이 나타나야 한다. 이것이 예수님의 전도법이다.

아무런 능력도 없는 사람들을 전도하라고 내보내니 억지로 시간만 채우다가 오는 것이다. 그러니 전도가 되지 않는다. 몇 달이 안 되어 포기하고 나오지 않게 된다. 새벽 기도회, 낮 기도회, 저녁 기도회 중 하나를 정하고 성도와 함께 성령 충만과 능력 받기를 위해 기도해야 한다. 초대교회처럼 성령의 능력이 나타나는 교회를 만들어야 한다. 이것을 못 하면 아무 소용 없다.

셋째는 평신도 사역자를 양성해야 한다.

경제가 발전하여 의식주 생활 수준이 올라가면서 신학교에 가려는 사람들이 없어지고 있다. 앞으로는 유럽과 미국처럼 사역자가 없어 교회가 운영되지 못할 것이다.

지금부터는 성경공부를 하되 평신도 지도자를 길러내는 과정으로 교육하고 훈련해야 한다. 목회자가 없어도 교회를 이끌고 갈 평신도 사역자를 양성해야 한다. 평신도는 '내 교회는 내가 지킨다.' 하는 마음으로 교육받고 훈련받아 평신도 지도자가 되어야 한다.

교회 성도들이 기도 많이 하여 성령 충만한 사람이 많이 나오면, 그 교회는 시대와 관계없이 성장하며 많은 영혼을 구원할 것이다. 이렇게 하지 않으면 퇴보한다.

인간적인 방법으로 모임을 만들고 힘써도 안 된다. 잠깐 모일 뿐 생명력이 없다. 생명력 있는 성도를 만들려면 성령 충만을 받거나 능력을 받도록 기도 운동을 해야 한다.

먼저 목사부터 기도하고 능력 받아야 설교가 살아있고 능력이 있다. 그런 설교를 들어야 성도들의 마음이 감동되고 자신들도 성령 체험을 하고 싶어 한다. 그래서 기도하게 되고 성령 충만과 능력을 통해 살아계신 하나님을 경험하여 헌신하고 충성하게 된다.

이 책을 읽고 모든 사람이 바른길로 가기를 원한다.

2024년 11월 6일
영흥도에서 권영구 목사

목 차

13. 죄에 대하여 알게 하시고 책망도 하신다

14. 마음의 천국과 의와 평강과 희락을 주신다

15. 기쁨과 평강과 소망을 주신다

16. 간구하는 자에게 성령을 풍성하게 부어주신다

17. 우리의 연약함을 아시고 돕기도 하시고 간구하신다

18. 평안도 주신다

19. 열매를 맺게 하고 성품도 변화되게 하신다

20. 여러 가지 은사와 능력을 주신다

21. 성령을 힘입어 귀신을 쫓아낸다

22. 불임도 잉태시키신다

23. 사람을 어떤 일로 이끌기도 하신다

24. 마음속에서 할 말을 알려 주신다

25. 다른 언어(방언)로 말하게 하신다

26. 성령의 기름 부음을 주신다

27. 하나님의 깊은 것까지 통달하신다

28. 성령의 감화를 주신다

29. 성령이 주시는 마음으로 살면 육체의 욕심을 이루지 않는다

30. 성령과 육체의 생각은 서로 대적한다

31. 성령의 생각을 따르면 생명을 얻게 된다

32. 속사람(영)을 강건하게 한다

33. 마귀를 이기는 성령의 검을 주신다

34. 영을 분별하여 악령의 정체를 알게 하신다

35. 하나님의 말씀을 바르게 깨닫게 하여 바르게 살게 하신다

36. 특별한 은사

제22장 마귀를 이기는 방법

1. 기도를 많이 해야 한다

2. 하나님 사랑, 이웃 사랑의 계명을 지켜야 한다

3. 성령 충만해야 한다

4. 마귀를 대적해야 한다

5. 하나님이 도와주셔야 한다

6. 예수 그리스도의 이름으로 해야 한다

제 1 장

성령 하나님은 어떤 분이신가?

1. 하나님은 한 분이시고, 성령은 하나님의 삼위 중 하나이시다

삼위는 성부, 성자, 성령, 하나님을 말한다. 그러므로 기독교는 삼위일체 되신 하나님을 한 분으로 믿는 것이다.

(딤전 2:5) "하나님은 한 분이시요 또 하나님과 사람 사이에 중보자도 한 분이시니 곧 사람이신 그리스도 예수라"

(막 12:32) "서기관이 이르되 선생님이여 옳소이다 하나님은 한 분이시요 그 외에 다른 이가 없다 하신 말씀이 참이니이다"

(롬 3:30) "할례자도 믿음으로 말미암아 또한 무할례자도 믿음으로 말미암아 의롭다 하실 하나님은 한 분이시니라"

(엡 4:6) "하나님도 한 분이시니 곧 만유의 아버지시라 만유 위에 계시고 만유를 통일하시고 만유 가운데 계시도다"

2. 성령 하나님을 보혜사라고 말씀하신다

(요 14:26) "보혜사 곧 아버지께서 내 이름으로 보내실 성령 그가 너희에게 모든 것을 가르치고 내가 너희에게 말한 모든 것을 생각나게 하리라"

(요 15:26) "내가 아버지께로부터 너희에게 보낼 보혜사 곧 아버지께로부터 나오시는 진리의 성령이 오실 때에 그가 나를 증언하실 것이요"

(요 16:7) "그러나 내가 너희에게 실상을 말하노니 내가 떠나가는 것이 너희에게 유익이라 내가 떠나가지 아니하면 보혜사가 너희에게로 오시지 아니할 것이요 가면 내가 그를 너희에게로 보내리니"

제 2 장

보혜사와 성령의 뜻

한문 '보혜사[保惠師](지킬 보, 은혜 혜, 스승 사)'는 '지키고 은혜를 주시는 스승'이라는 뜻이다.

보혜사 원어 뜻 παράκλητος (parakle-tos) 파라클레토스는 돕는 자, 중재자, 변호자, 위안자를 의미하며, 개역 한글판에는 '보혜사', '대언자'라고 번역되었다.

파라클레토스는 고전 문헌에서 본래 '돕기 위하여 부름을 받은 자'라는 수동적 의미로 사용되었음을 보여준다. 신약성경에서 파라클레토스는 부름받은 것이 아니라, 보내(요 14:26; 요 15:26; 요 16:7), 주어진(요 14:6 이하) 것이다. 그러나 하나님께서 예수님의 요청으로 파라클레토스를 보내셨다면 파라클레토스는 요청(부름)을 받아 보내어진 것이라고 말할 수 있다. 변호자, 돕는 자, 중재자라는 의미는 이 단어가 나오는 모든 경우에 적합한 의미이다.

예수 그리스도는 파라클레토스로서 아버지의 법정에서 죄 범한 신자를 대변하는 변호자이시다(요일 2:1 이하).

성령은 파라클레토스로서 역사하신다. 요 16:7 이하에서 '심리(trial)'라는 의미가 있으나, 여기서 성령은 세상과 관계하여 제자들의 고문이나 조언자이다. 성령은 권위 있는 교사로서(요 14:26), 계시에 대한 증인으로서(요 15: 26), 하나님께서 세상을 심리하실 때 말하는 자로서(요 16:8 이하)

나타낸다. 이러한 구절들은 파라클레토스가 '돕는 자'라는 더욱 넓은 의미를 시사하여 준다. 협상은 파라클레토스를 알지 못하나 제자들은 저를 알고 저는 제자들과 함께 거하며 제자들 속에 계시게 되는 것이다(요 14:17).

파라클레토스에 대하여 영역본들은 헬라어 음역 paraclete를 위시하여, 조언자(고문), 변호자, 위로자, 돕는 자라는 의미로 번역한다. 그러나 이 모든 의미를 포괄하는 '돕는 자'가 아마도 가장 훌륭한 번역일 것이다.

공동 번역의 협조자, 한글 개역의 보혜사도 무난한 번역이다. 예수님은 우리를 돕는 거룩한 영을 보내주신다는 뜻이다.

〈원어〉 ἅγιος πνεῦμα(성령)의 뜻

ἅγιος 성(하기오스/ hagios) 거룩한(holy)

πνεῦμα 령(프뉴마/ pneuma) 바람, 호흡, 생명, 영, 성령

성령은 거룩한 영이라는 뜻이다.

영어 성경에서는 성령(Holy Ghost), 정확히 말해서 '성령'(Holy Spirit)인데, 킹제임스 성경(KJV) 신약에 'Holy Ghost'라는 표현은 89번, 'Holy Spirit' 라는 표현은 4번 등장한다. 둘 다 같은 헬라어 단어의 번역이다. 한정시키는 형용사 없이 '영'(Spirit)이란 단어가 빈번히 사용되고 있다.

제 3 장

예수 그리스도께서 성령에 관하여 말씀하셨다

보혜사 성령 하나님을 보내주겠다고 성자 예수님이 말씀하셨다.

(요 14:16-17) "[16] 내가 아버지께 구하겠으니 그가 또 다른 보혜사를 너희에게 주사 영원토록 너희와 함께 있게 하리니 [17] 그는 진리의 영이라 세상은 능히 그를 받지 못하나니 이는 그를 보지도 못하고 알지도 못함이라 그러나 너희는 그를 아나니 그는 너희와 함께 거하심이요 또 너희 속에 계시겠음이라"

(요 14:26) "보혜사 곧 아버지께서 내 이름으로 보내실 성령 그가 너희에게 모든 것을 가르치고 내가 너희에게 말한 모든 것을 생각나게 하리라"

예수님은 '내가 가야 보혜사 성령 하나님이 너희에게 오신다'라고 하셨다. 예수님이 가셔서 보혜사 성령 하나님을 우리에게 보내시고 그가 우리를 가르치시고 진리 가운데로 인도하신다고 말씀하셨다.

(요 16:7-13) "[7] 그러나 내가 너희에게 실상을 말하노니 내가 떠나가는 것이 너희에게 유익이라 내가 떠나가지 아니하면 보혜사가 너희에게로 오시지 아니할 것이요 가면 내가 그를 너희에게로 보내리니

[8] 그가 와서 죄에 대하여, 의에 대하여, 심판에 대하여 세상을 책망하시리라

[9] 죄에 대하여라 함은 그들이 나를 믿지 아니함이요

[10] 의에 대하여라 함은 내가 아버지께로 가니 너희가 다시 나를 보지 못

함이요

[11] 심판에 대하여라 함은 이 세상 임금이 심판을 받았음이라

[12] 내가 아직도 너희에게 이를 것이 많으나 지금은 너희가 감당하지 못하리라

[13] 그러나 진리의 성령이 오시면 그가 너희를 모든 진리 가운데로 인도하시리니 그가 스스로 말하지 않고 오직 들은 것을 말하며 장래 일을 너희에게 알리시리라"

제 4 장

성령님의 여러 가지 명칭

1. 하나님의 거룩한 영이시다

(고전 12:3) "그러므로 내가 너희에게 알게 하노니 하나님의 영으로 말하는
자는 누구든지 예수를 저주할 자라 하지 않고 또 성령으로 아니하고는 누
구든지 예수를 주시라 할 수 없느니라"

〈하나님의 영은 거룩한 영이시다〉

(시 103:1) "[다윗의 시] 내 영혼아 여호와를 송축하라 내 속에 있는 것들아
다 그의 거룩한 이름을 송축하라"

(레 11:44) "나는 여호와 너희 하나님이라 내가 거룩하니 너희도 몸을 구별
하여 거룩하게 하고 땅에 기는바 기어다니는 것으로 인하여 스스로 더럽히
지 말라"

(벧전 1:15-16) "[15] 오직 너희를 부르신 거룩한 자처럼 너희도 모든 행실
에 거룩한 자가 되라

[16] 기록하였으되 내가 거룩하니 너희도 거룩할지어다 하셨느니라"

2. 예수 그리스도의 영이시다

(롬 8:9) "만일 너희 속에 하나님의 영이 거하시면 너희가 육신에 있지 아
니하고 영에 있나니 누구든지 그리스도의 영이 없으면 그리스도의 사람이
아니라"

3. 구약에서는 하나님의 영, 하나님의 신으로 표현하였다

(창 1:1-2) "[1] 태초에 하나님이 천지를 창조하시니라 [2] 땅이 혼돈하고 공허하며 흑암이 깊음 위에 있고 하나님의 영은 수면 위에 운행하시니라"

(삼상 16:13) "사무엘이 기름 뿔을 취하여 그 형제 중에서 그에게 부었더니 이 날 이후로 다윗이 여호와의 신에게 크게 감동 되니라 사무엘이 떠나서 라마로 가니라"

(마 22:43) "가라사대 그러면 다윗이 성령에 감동하여 어찌 그리스도를 주라 칭하여 말하되"

4. 진리의 영이시다

(요 14:16-17) "[16] 내가 아버지께 구하겠으니 그가 또 다른 보혜사를 너희에게 주사 영원토록 너희와 함께 있게 하시리니 [17] 저는 진리의 영이라 세상은 능히 저를 받지 못하나니 이는 저를 보지도 못하고 알지도 못함이라 그러나 너희는 저를 아나니 저는 너희와 함께 거하심이요 또 너희 속에 계시겠음이라"

제 5 장

성령 하나님은 언제부터 계셨는가?

1. 영원 전부터 계셨다

(창 1:1-2) "[1] 태초에 하나님이 천지를 창조하시니라 [2] 땅이 혼돈하고 공허하며 흑암이 깊음 위에 있고 하나님의 영은 수면 위에 운행하시니라"

2. 구약시대에도 계셨다

요셉은 성령에 감동된 사람이었다.

(창 41:38) "바로가 그의 신하들에게 이르되 이와 같이 하나님의 영에 감동된 사람을 우리가 어찌 찾을 수 있으리요 하고"

스가랴 제사장이 하나님의 영에 감동되었다.

(대하 24:20) "이에 하나님의 영이 제사장 여호야다의 아들 스가랴를 감동시키시매 그가 백성 앞에 높이 서서 그들에게 이르되 하나님이 이같이 말씀하시기를 너희가 어찌하여 여호와의 명령을 거역하여 스스로 형통하지 못하게 하느냐 하셨나니 너희가 여호와를 버렸으므로 여호와께서도 너희를 버리셨느니라 하나"

3. 예수님이 사역하실 때도 계셨다

(눅 1:67) "그 부친 사가랴가 성령의 충만함을 받아 예언하여 이르되"

(눅 4:1) "예수께서 성령의 충만함을 입어 요단 강에서 돌아오사 광야에서 사십 일 동안 성령에게 이끌리시며"

4. 예수님 승천 후 초대교회에도 계셨다

(행 2:4) "그들이 다 성령의 충만함을 받고 성령이 말하게 하심을 따라 다른 언어들로 말하기를 시작하니라"

(행 4:31) "빌기를 다하매 모인 곳이 진동하더니 무리가 다 성령이 충만하여 담대히 하나님의 말씀을 전하니라"

5. 현재도 계신다

(히 13:8) "예수 그리스도는 어제나 오늘이나 영원토록 동일하시니라"

(엡 6:18) "모든 기도와 간구를 하되 항상 성령 안에서 기도하고 이를 위하여 깨어 구하기를 항상 힘쓰며 여러 성도를 위하여 구하라"

6. 영원히 계신다

(마 28:20) "내가 너희에게 분부한 모든 것을 가르쳐 지키게 하라 볼지어다 내가 세상 끝날까지 너희와 항상 함께 있으리라 하시니라"

(히 9:14) "하물며 영원하신 성령으로 말미암아 흠 없는 자기를 하나님께 드린 그리스도의 피가 어찌 너희 양심을 죽은 행실에서 깨끗하게 하고 살아 계신 하나님을 섬기게 하지 못하겠느냐"

제 6 장

성령이 하시는 일

1. 창조 사역을 하셨다.

(창 1:1-2) "[1] 태초에 하나님이 천지를 창조하시니라 [2] 땅이 혼돈하고 공허하며 흑암이 깊음 위에 있고 하나님의 신은 수면에 운행하시니라"

(욥 33:4) "하나님의 신이 나를 지으셨고 전능자의 기운이 나를 살리시느니라"

2. 성령은 사람을 거룩하게 하신다

(살후 2:13) "주께서 사랑하시는 형제들아 우리가 항상 너희에 관하여 마땅히 하나님께 감사할 것은 하나님이 처음부터 너희를 택하사 성령의 거룩하게 하심과 진리를 믿음으로 구원을 받게 하심이니"

(벧전 1:2) "곧 하나님 아버지의 미리 아심을 따라 성령이 거룩하게 하심으로 순종함과 예수 그리스도의 피 뿌림을 얻기 위하여 택하심을 받은 자들에게 편지하노니 은혜와 평강이 너희에게 더욱 많을지어다"

3. 성령 세례를 주신다

(막 1:8) "나는 너희에게 물로 침례를 주었거니와 그는 성령으로 너희에게 세례를 주시리라"

(고전 12:13) "우리가 유대인이나 헬라인이나 종이나 자유인이나 다 한 성

령으로 세례를 받아 한 몸이 되었고 또 다 한 성령을 마시게 하셨느니라"

4. 구원 사역을 하신다

(요 3:5) "예수께서 대답하시되 진실로 진실로 네게 이르노니 사람이 물과 성령으로 나지 아니하면 하나님 나라에 들어갈 수 없느니라"

(빌 1:19) "이것이 너희의 간구와 예수 그리스도의 성령의 도우심으로 나를 구원에 이르게 할 줄 아는 고로"

5. 성령의 역사로 죄 씻음과 거룩함과 의롭다 하심을 받는다

(고전 6:11) "너희 중에 이와 같은 자들이 있더니 주 예수 그리스도의 이름과 우리 하나님의 성령 안에서 씻음과 거룩함과 의롭다 하심을 받았느니라"

6. 하나님은 구원받은 증거로 성령을 주셨다

(고후 1:22) "그가 또한 우리에게 인치시고 보증으로 우리 마음에 성령을 주셨느니라"

(엡 1:13) "그 안에서 너희도 진리의 말씀 곧 너희의 구원의 복음을 듣고 그 안에서 또한 믿어 약속의 성령으로 인치심을 받았으니"

7. 하늘의 집에 들어가는 보증으로 성령을 주셨다

(고후 5:1-5) "[1] 만일 땅에 있는 우리의 장막 집이 무너지면 하나님께서 지으신 집 곧 손으로 지은 것이 아니요 하늘에 있는 영원한 집이 우리에게 있는 줄 아느니라 [2] 참으로 우리가 여기 있어 탄식하며 하늘로부터 오는 우리 처소로 덧입기를 간절히 사모하노라 [3] 이렇게 입음은 우리가 벗은

자들로 발견되지 않으려 함이라 [4] 참으로 이 장막에 있는 우리가 짐진 것 같이 탄식하는 것은 벗고자 함이 아니요 오히려 덧입고자 함이니 죽을 것이 생명에 삼킨 바 되게 하려 함이라 [5] 곧 이것을 우리에게 이루게 하시고 보증으로 성령을 우리에게 주신 이는 하나님이시니라"

8. 성령의 생명의 법이 사람을 살린다

(롬 8:2) "이는 그리스도 예수 안에 있는 생명의 성령의 법이 죄와 사망의 법에서 너를 해방하였음이라"

9. 성령 받은 사람이 예수님을 구원자라고 믿게 된다

(고전 12:3) "그러므로 내가 너희에게 알게 하노니 하나님의 영으로 말하는 자는 누구든지 예수를 저주할 자라 하지 않고 또 성령으로 아니하고는 누구든지 예수를 주시라 할 수 없느니라"

10. 진리를 깨닫게 하시고 진리 가운데로 인도하신다

(요 16:13) "그러나 진리의 성령이 오시면 그가 너희를 모든 진리 가운데로 인도하시리니 그가 스스로 말하지 않고 오직 들은 것을 말하며 장래 일을 너희에게 알리시리라"

11. 성령으로 살면 율법 아래 있지 않다

(갈 5:18) "너희가 만일 성령의 인도하시는 바가 되면 율법 아래에 있지 아니하리라"

성령이 우리 마음속에 계시면 거룩한 생각만 주시므로 율법을 범하지 않는다. 율법을 범하지 않으므로 율법과 관계없다. 또 성령 받아 구원받았으니 율법의 기능인 죄를 알려 주고 정죄하는 것이 상관없게 되었다는 뜻이다.

12. 우리들의 신앙을 가르치신다

(요 14:26) "보혜사 곧 아버지께서 내 이름으로 보내실 성령 그가 너희에게 모든 것을 가르치시고 내가 너희에게 말한 모든 것을 생각나게 하시리라"

13. 죄에 대하여 알게 하시고 책망도 하신다

(요 16:7-8) "[7] 그러하나 내가 너희에게 실상을 말하노니 내가 떠나가는 것이 너희에게 유익이라 내가 떠나가지 아니하면 보혜사가 너희에게로 오시지 아니할 것이요 가면 내가 그를 너희에게로 보내리니 [8] 그가 와서 죄에 대하여, 의에 대하여, 심판에 대하여 세상을 책망하시리라"

14. 마음의 천국과 의와 평강과 희락을 주신다

(롬 14:17) "하나님의 나라는 먹는 것과 마시는 것이 아니요 오직 성령 안에서 의와 평강과 희락이라"

15. 기쁨과 평강과 소망을 주신다

(롬 15:13) "소망의 하나님이 모든 기쁨과 평강을 믿음 안에서 너희에게 충만케 하사 성령의 능력으로 소망이 넘치게 하시기를 원하노라"

16. 간구하는 자에게 성령을 풍성하게 부어주신다

(딛 3:6) "우리 구주 예수 그리스도로 말미암아 우리에게 그 성령을 풍성히 부어 주사"

(눅 11:13) "너희가 악할지라도 좋은 것을 자식에게 줄 줄 알거든 하물며 너희 하늘 아버지께서 구하는 자에게 성령을 주시지 않겠느냐 하시니라"

17. 우리의 연약함을 아시고 돕기도 하시고 간구하신다

(롬 8:26) "이와 같이 성령도 우리의 연약함을 도우시나니 우리는 마땅히 기도할 바를 알지 못하나 오직 성령이 말할 수 없는 탄식으로 우리를 위하여 친히 간구하시느니라"

(롬 8:27) "마음을 살피시는 이가 성령의 생각을 아시나니 이는 성령이 하나님의 뜻대로 성도를 위하여 간구하심이니라"

18. 평안도 주신다

(요 14:26-27) "[26] 보혜사 곧 아버지께서 내 이름으로 보내실 성령 그가 너희에게 모든 것을 가르치시고 내가 너희에게 말한 모든 것을 생각나게 하시리라 [27] 평안을 너희에게 끼치노니 곧 나의 평안을 너희에게 주노라 내가 너희에게 주는 것은 세상이 주는 것 같지 아니하니라 너희는 마음에 근심도 말고 두려워하지도 말라"

19. 열매를 맺게 하고 성품도 변화되게 하신다

(갈 5:22-23) "[22] 오직 성령의 열매는 사랑과 희락과 화평과 오래 참음과 자비와 양선과 충성과 [23] 온유와 절제니 이 같은 것을 금지할 법이 없느니라"

20. 여러 가지 은사와 능력을 주신다

(고전 12:8-11) "[8] 어떤 이에게는 성령으로 말미암아 지혜의 말씀을, 어떤

이에게는 같은 성령을 따라 지식의 말씀을 [9] 다른 이에게는 같은 성령으로 믿음을, 어떤 이에게는 한 성령으로 병 고치는 은사를, [10] 어떤 이에게는 능력 행함을, 어떤 이에게는 예언함을, 어떤 이에게는 영들 분별함을, 다른 이에게는 각종 방언 말함을, 어떤 이에게는 방언들 통역함을 주시나니 [11] 이 모든 일은 같은 한 성령이 행하사 그 뜻대로 각 사람에게 나눠 주시느니라"

(히 2:4) "하나님도 표적들과 기사들과 여러 가지 능력과 및 자기의 뜻을 따라 성령이 나누어 주신 것으로써 그들과 함께 증언하셨느니라"

(롬 15:18) "그리스도께서 이방인들을 순종케 하기 위하여 나로 말미암아 말과 일이며 표적과 기사의 능력이며 성령의 능력으로 역사하신 것 외에는 내가 감히 말하지 아니하노라"

21. 성령을 힘입어 귀신을 쫓아낸다

(마 12:28) "그러나 내가 하나님의 성령을 힘입어 귀신을 쫓아내는 것이면 하나님의 나라가 이미 너희에게 임하였느니라"

22. 불임도 잉태시키신다

(마 1:18) "예수 그리스도의 나심은 이러하니라 그의 어머니 마리아가 요셉과 약혼하고 동거하기 전에 성령으로 잉태된 것이 나타났더니"

〈불임도 잉태하게 한다〉

(눅 1:41) "엘리사벳이 마리아가 문안함을 들으매 아이가 복중에서 뛰노는지라 엘리사벳이 성령의 충만함을 받아"

23. 사람을 어떤 일로 이끌기도 하신다

(마 4:1) "그 때에 예수께서 성령에게 이끌리어 마귀에게 시험을 받으러 광야로 가사"

24. 마음속에서 할 말을 알려 주신다

(마 10:19-20) "[19] 너희를 넘겨 줄 때에 어떻게 또는 무엇을 말할까 염려하지 말라 그 때에 너희에게 할 말을 주시리니 [20] 말하는 이는 너희가 아니라 너희 속에서 말씀하시는 이 곧 너희 아버지의 성령이시니라"

25. 다른 언어(방언)로 말하게 하신다

(행 2:4) "그들이 다 성령의 충만함을 받고 성령이 말하게 하심을 따라 다른 언어들로 말하기를 시작하니라"

26. 성령의 기름 부음을 주신다

(행 10:38) "하나님이 나사렛 예수에게 성령과 능력을 기름 붓듯 하셨으매 그가 두루 다니시며 선한 일을 행하시고 마귀에게 눌린 모든 사람을 고치셨으니 이는 하나님이 함께 하셨음이라"

27. 하나님의 깊은 것까지 통달하신다

(고전 2:10) "오직 하나님이 성령으로 이것을 우리에게 보이셨으니 성령은 모든 것 곧 하나님의 깊은 것까지도 통달하시느니라"

28. 성령의 감화를 주신다

(고후 6:6) "깨끗함과 지식과 오래 참음과 자비함과 성령의 감화와 거짓이

없는 사랑과"

29. 성령이 주시는 마음으로 살면 육체의 욕심을 이루지 않는다

(갈 5:16) "내가 이르노니 너희는 성령을 따라 행하라 그리하면 육체의 욕심을 이루지 아니하리라"

30. 성령과 육체의 생각은 서로 대적한다

(갈 5:17) "육체의 소욕은 성령을 거스르고 성령은 육체를 거스르나니 이 둘이 서로 대적함으로 너희가 원하는 것을 하지 못하게 하려 함이니라"

31. 성령의 생각을 따르면 생명을 얻게 된다

(롬 8:6) "육신의 생각은 사망이요 영의 생각은 생명과 평안이니라"

(갈 6:8) "자기의 육체를 위하여 심는 자는 육체로부터 썩어질 것을 거두고 성령을 위하여 심는 자는 성령으로부터 영생을 거두리라"

32. 속사람(영)을 강건하게 한다

(엡 3:16) "그의 영광의 풍성함을 따라 그의 성령으로 말미암아 너희 속사람을 능력으로 강건하게 하시오며"

33. 마귀를 이기는 성령의 검을 주신다

(엡 6:17) "구원의 투구와 성령의 검 곧 하나님의 말씀을 가지라"

34. 영을 분별하여 악령의 정체를 알게 하신다

영적인 은사를 주어 악령에게 속지 않게 하신다.

(고전 12:10) "어떤 사람에게는 능력 행함을, 어떤 사람에게는 예언함을, 어떤 사람에게는 영들 분별함을, 다른 사람에게는 각종 방언 말함을, 어떤 사람에게는 방언들 통역함을 주시나니"

(고전 2:13) "우리가 이것을 말하거니와 사람의 지혜가 가르친 말로 아니하고 오직 성령께서 가르치신 것으로 하니 영적인 일은 영적인 것으로 분별하느니라"

(요일 4:1) "사랑하는 자들아 영을 다 믿지 말고 오직 영들이 하나님께 속하였나 분별하라 많은 거짓 선지자가 세상에 나왔음이라"

(요일 4:6) "우리는 하나님께 속하였으니 하나님을 아는 자는 우리의 말을 듣고 하나님께 속하지 아니한 자는 우리의 말을 듣지 아니하나니 진리의 영과 미혹의 영을 이로써 아느니라"

35. 하나님의 말씀을 바르게 깨닫게 하여 바르게 살게 하신다

진리를 바르게 깨닫고 진리대로 살게 하신다.

(요 14:17) "그는 진리의 영이라 세상은 능히 그를 받지 못하나니 이는 그를 보지도 못하고 알지도 못함이라 그러나 너희는 그를 아나니 그는 너희와 함께 거하심이요 또 너희 속에 계시겠음이라"

(요 14:26) "보혜사 곧 아버지께서 내 이름으로 보내실 성령 그가 너희에게 모든 것을 가르치고 내가 너희에게 말한 모든 것을 생각나게 하리라"

(요 15:26) "내가 아버지께로부터 너희에게 보낼 보혜사 곧 아버지께로부터 나오시는 진리의 성령이 오실 때에 그가 나를 증언하실 것이요"

(요 16:13) "그러나 진리의 성령이 오시면 그가 너희를 모든 진리 가운데로 인도하시리니 그가 스스로 말하지 않고 오직 들은 것을 말하며 장래 일을 너희에게 알리시리라"

36. 특별한 은사

어떤 특정한 사람들에게는 성령 하나님이 임하시면 선지자와 같은 특별한 은사가 나타난다. 구약의 엘리야, 엘리사, 이사야, 요나, 예레미야, 다니엘, 에스겔 등과 신약의 사가랴 제사장, 베드로, 사도 요한, 사도 바울과 같은 사람에게 임한 은사와 능력이 나타난다.

하나님은 과거의 하나님이 오늘의 하나님이시다.
(히 13:8) "예수 그리스도는 어제나 오늘이나 영원토록 동일하시니라"

오늘도 하나님은 아브라함 시대와 같이 살아계신 하나님이시다.
(마 22:32) "나는 아브라함의 하나님이요 이삭의 하나님이요 야곱의 하나님이로라 하신 것을 읽어 보지 못하였느냐 하나님은 죽은 자의 하나님이 아니요 살아 있는 자의 하나님이시니라 하시니"

하나님은 성경책 속의 하나님이 아니라 살아계신 하나님이시다.
(고후 3:3) "너희는 우리로 말미암아 나타난 그리스도의 편지니 이는 먹으로 쓴 것이 아니요 오직 살아 계신 하나님의 영으로 쓴 것이며 또 돌판에 쓴 것이 아니요 오직 육의 마음판에 쓴 것이라"

(고후 13:4) "그리스도께서 약하심으로 십자가에 못 박히셨으나 하나님의 능력으로 살아 계시니 우리도 그 안에서 약하나 너희에게 대하여 하나님의 능력으로 그와 함께 살리라"

성경에 나타난 기사와 표적이 사람마다 부분적이거나 많이 나타난다. 요엘 선지자에게 말씀하신 것이 지금도 나타나고 있어야 살아계신 하나님 이시다.

(행 2:16-19) "[16] 이는 곧 선지자 요엘을 통하여 말씀하신 것이니 일렀으되 [17] 하나님이 말씀하시기를 말세에 내가 내 영을 모든 육체에 부어 주리 니 너희의 자녀들은 예언할 것이요 너희의 젊은이들은 환상을 보고 너희의 늙은이들은 꿈을 꾸리라

[18] 그 때에 내가 내 영을 내 남종과 여종들에게 부어 주리니 그들이 예언 할 것이요

[19] 또 내가 위로 하늘에서는 기사를 아래로 땅에서는 징조를 베풀리니 곧 피와 불과 연기로다"

오늘날도 사울처럼 하나님의 음성을 듣기도 한다.

(행 9:4) "땅에 엎드러져 들으매 소리가 있어 이르시되 사울아 사울아 네가 어찌하여 나를 박해하느냐 하시거늘"

사도 요한처럼 천국과 지옥을 보기도 한다.

(계 4:1) "이 일 후에 내가 보니 하늘에 열린 문이 있는데 내가 들은 바 처음 에 내게 말하던 나팔 소리 같은 그 음성이 이르되 이리로 올라오라 이 후에 마땅히 일어날 일들을 내가 네게 보이리라 하시더라"

사도 바울처럼 독사에게 물렸는데 죽지 않기도 한다.

(행 28:6) "그들은 그가 붓든지 혹은 갑자기 쓰러져 죽을 줄로 기다렸다가 오래 기다려도 그에게 아무 이상이 없음을 보고 돌이켜 생각하여 말하되 그를 신이라 하더라"

믿는 사람에게 하나님이 살아계신 표적이 나타난다.

(막 16:17-18) "[17] 믿는 자들에게는 이런 표적이 따르리니 곧 그들이 내 이름으로 귀신을 쫓아내며 새 방언을 말하며

[18] 뱀을 집어올리며 무슨 독을 마실지라도 해를 받지 아니하며 병든 사람에게 손을 얹은즉 나으리라 하시더라"

사도 바울처럼 손수건을 사용해도 병이 치료된다.

(행 19:12) "심지어 사람들이 바울의 몸에서 손수건이나 앞치마를 가져다가 병든 사람에게 얹으면 그 병이 떠나고 악귀도 나가더라"

죽은 자처럼 쓰러지면서 귀신이 나가기도 한다.

(막 9:25-27) "[25] 예수께서 무리가 달려와 모이는 것을 보시고 그 더러운 귀신을 꾸짖어 이르시되 말 못하고 못 듣는 귀신아 내가 네게 명하노니 그 아이에게서 나오고 다시 들어가지 말라 하시매

[26] 귀신이 소리 지르며 아이로 심히 경련을 일으키게 하고 나가니 그 아이가 죽은 것 같이 되어 많은 사람이 말하기를 죽었다 하나

[27] 예수께서 그 손을 잡아 일으키시니 이에 일어서니라"

(막 9:23) "예수께서 이르시되 할 수 있거든이 무슨 말이냐 믿는 자에게는 능히 하지 못할 일이 없느니라 하시니"

이들에게 임한 성령의 능력은 성경을 기록하게 하는 계시는 없으나, 현재도 책 속의 하나님이 아니고 영원히 살아계신 하나님이심을 보여주고 계신다.

특별한 개인들에게 임재하시고 그들의 신앙을 바른길로 영생의 길로 인도하신다. 모든 나라에 분포되어 있는 그들에게 나타나 계시하고 계시다. 그들은 각 나라에서 주어진 사명을 감당하고 있다.

모든 그리스도인이 성경책 속의 하나님이 현재도 살아서 역사하시는 것을 경험하며 믿기를 바란다. 그러면 거짓 종과 거짓 선지자가 되지 않을 것이다.

성령 하나님은 바른길로 인도하신다. 그러나 악령 받은 사람들은 거짓된 길로 간다. 그래서 예수님이 (마 7:20) "이러므로 그들의 열매로 그들을 알리라" 이렇게 말씀하신 것이다.

성령 받은 사람은 자기를 부인하고 하나님의 뜻을 이루어 드린다. 악령 받은 사람은 자기 욕심을 따라 자기 뜻을 이룬다.

본인이 경험하지 않았다고 하여 성령의 역사를 부정하거나, 성령의 역사를 나타내는 사람을 이단으로 몰면 죄를 범하는 것이 되고, 살아계신 하나님을 부정하는 것이 된다. 이것은 불신앙이 될 수도 있고 성령 하나님을 모독하는 것이 될 수도 있다.

(막 3:29) "누구든지 성령을 모독하는 자는 영원히 사하심을 얻지 못하고 영원한 죄가 되느니라 하시니"

(눅 12:10) "누구든지 말로 인자를 거역하면 사하심을 받으려니와 성령을 모독하는 자는 사하심을 받지 못하리라"

비판하지 말고 본인이 기도 많이 하여 성령 하나님의 역사를 직접 경험하라. 그렇게 하여 살아계신 하나님을 믿고 전하는 종이 되고, 누가 봐도 바른길로 가는 본을 보여준다면 하나님이 기뻐하실 것이다. 즉, 사도 요한처럼 사도 바울처럼 자기를 부인하고 하나님의 뜻을 이루어 드리는 종이 된다면 하나님이 상을 주실 것이다. 지금 우리 시대에도 이런 종이 필요하다.

〈특별한 은사〉

· 하나님과의 대화
· 하나님이 지시하시는 특별한 계시
· 성령의 아홉 가지 은사
· 하늘나라와 지옥 경험
· 미래에 일어날 일을 예언
· 천국과 지옥 가는 사람을 알 수 있음
· 천국과 지옥 가는 원인을 알 수 있음
· 영적 세계를 보고 듣고 대화할 수 있음
· 성경 말씀의 정확한 뜻, 해석을 받음
· 꿈 해석
· 특정한 사람의 신앙 상태를 알 수 있음
· 멀리 떨어진 사람의 영적 상태를 알 수 있음

제 **7** 장

성령을 받아야 하는 이유와 중요성

1. 예수님이 받으라고 하셨다

(눅 11:13) "너희가 악할지라도 좋은 것을 자식에게 줄 줄 알거든 하물며 너희 하늘 아버지께서 구하는 자에게 성령을 주시지 않겠느냐 하시니라"

(요 20:22) "이 말씀을 하시고 그들을 향하사 숨을 내쉬며 이르시되 성령을 받으라"

(행 1:5) "요한은 물로 세례를 베풀었으나 너희는 몇 날이 못되어 성령으로 세례를 받으리라 하셨느니라"

(행 1:8) "오직 성령이 너희에게 임하시면 너희가 권능을 받고 예루살렘과 온 유대와 사마리아와 땅 끝까지 이르러 내 증인이 되리라 하시니라"

2. 베드로가 받으라고 하였다

(행 2:38) "베드로가 이르되 너희가 회개하여 각각 예수 그리스도의 이름으로 세례를 받고 죄 사함을 받으라 그리하면 성령의 선물을 받으리니"

3. 사도 바울이 받으라고 하였다

(엡 5:18) "술 취하지 말라 이는 방탕한 것이니 오직 성령으로 충만함을 받으라"

4. 성령이 임하면 자신의 모든 것이 달라진다

〈마음과 생각과 지식이 달라진다〉

(골 2:8) "누가 철학과 헛된 속임수로 너희를 사로잡을까 주의하라 이것은 사람의 전통과 세상의 초등학문을 따름이요 그리스도를 따름이 아니니라"

(빌 3:8) "또한 모든 것을 해로 여김은 내 주 그리스도 예수를 아는 지식이 가장 고상하기 때문이라 내가 그를 위하여 모든 것을 잃어버리고 배설물로 여김은 그리스도를 얻고"

〈옛사람을 버리고 새사람이 된다〉

(엡 4:22-32) "[22] 너희는 유혹의 욕심을 따라 썩어져 가는 구습을 따르는 옛 사람을 벗어 버리고

[23] 오직 너희의 심령이 새롭게 되어

[24] 하나님을 따라 의와 진리의 거룩함으로 지으심을 받은 새 사람을 입으라

[25] 그런즉 거짓을 버리고 각각 그 이웃과 더불어 참된 것을 말하라 이는 우리가 서로 지체가 됨이라

[26] 분을 내어도 죄를 짓지 말며 해가 지도록 분을 품지 말고

[27] 마귀에게 틈을 주지 말라

[28] 도둑질하는 자는 다시 도둑질하지 말고 돌이켜 가난한 자에게 구제할 수 있도록 자기 손으로 수고하여 선한 일을 하라

[29] 무릇 더러운 말은 너희 입 밖에도 내지 말고 오직 덕을 세우는 데 소용되는 대로 선한 말을 하여 듣는 자들에게 은혜를 끼치게 하라

[30] 하나님의 성령을 근심하게 하지 말라 그 안에서 너희가 구원의 날까지 인치심을 받았느니라

[31] 너희는 모든 악독과 노함과 분냄과 떠드는 것과 비방하는 것을 모든 악의와 함께 버리고

[32] 서로 친절하게 하며 불쌍히 여기며 서로 용서하기를 하나님이 그리스도 안에서 너희를 용서하심과 같이 하라"

(골 3:5-10) "[5] 그러므로 땅에 있는 지체를 죽이라 곧 음란과 부정과 사욕과 악한 정욕과 탐심이니 탐심은 우상 숭배니라

[6] 이것들로 말미암아 하나님의 진노가 임하느니라

[7] 너희도 전에 그 가운데 살 때에는 그 가운데서 행하였으나

[8] 이제는 너희가 이 모든 것을 벗어 버리라 곧 분함과 노여움과 악의와 비방과 너희 입의 부끄러운 말이라

[9] 너희가 서로 거짓말을 하지 말라 옛 사람과 그 행위를 벗어 버리고

[10] 새 사람을 입었으니 이는 자기를 창조하신 이의 형상을 따라 지식에까지 새롭게 하심을 입은 자니라"

5. 성령 받아야 구원받는다

(요 3:5) "예수께서 대답하시되 진실로 진실로 네게 이르노니 사람이 물과 성령으로 나지 아니하면 하나님의 나라에 들어갈 수 없느니라"

· 자신이 죄인 중에 괴수라는 것을 알게 된다.
· 성경이 믿어진다.
· 겸손해진다.
· 성령 받아야 구원도 받는다.
· 성령 받지 못하면 구원도 없다.
· 일은 성령 하나님이 하시고 자신은 순종만 한다.
· 성령 받지 못하면 자신의 힘으로 아무것도 할 수 없다.

· 성령님께 불순종해도 아무것도 얻지 못한다.

· 구원도 못 받고 실패한 사람이 된다.

· 거룩하게 살려고 한다.

· 깨끗하게 살려고 한다.

6. 성령 받은 사람은 하나님 안에 거하고 하나님이 자기 안에 거하신다

(요일 4:13) "그의 성령을 우리에게 주시므로 우리가 그 안에 거하고 그가 우리 안에 거하시는 줄을 아느니라"

제 8 장

성령이 임하는 곳

1. 사람의 마음 안에 계신다

(고후 1:22) "그가 또한 우리에게 인치시고 보증으로 우리 마음에 성령을 주셨느니라"

(롬 5:5) "소망이 우리를 부끄럽게 하지 아니함은 우리에게 주신 성령으로 말미암아 하나님의 사랑이 우리 마음에 부은 바 됨이니"

2. 사람의 속에 계신다

(마 10:20) "말하는 이는 너희가 아니라 너희 속에서 말씀하시는 이 곧 너희 아버지의 성령이시니라"

(약 4:5) "너희는 하나님이 우리 속에 거하게 하신 성령이 시기하기까지 사모한다 하신 말씀을 헛된 줄로 생각하느냐"

〈우리 몸이 성령의 전이다〉

(고전 3:16) "너희가 하나님의 성전인 것과 하나님의 성령이 너희 안에 거하시는 것을 알지 못하느뇨"

3. 두세 사람이 예수님의 이름으로 모이면 계신다

(마 18:20) "두세 사람이 내 이름으로 모인 곳에는 나도 그들 중에 있느니라"

4. 예배와 기도하는 곳에 임하신다

〈기도하는 마가의 다락방〉

(행 2:1-4) "[1] 오순절 날이 이미 이르매 그들이 다같이 한 곳에 모였더니

[2] 홀연히 하늘로부터 급하고 강한 바람 같은 소리가 있어 그들이 앉은 온 집에 가득하며

[3] 마치 불의 혀처럼 갈라지는 것들이 그들에게 보여 각 사람 위에 하나씩 임하여 있더니

[4] 그들이 다 성령의 충만함을 받고 성령이 말하게 하심을 따라 다른 언어들로 말하기를 시작하니라"

〈예배와 기도하는 고넬료 가정〉

(행 10:44-48) "[44] 베드로가 이 말을 할 때에 성령이 말씀 듣는 모든 사람에게 내려오시니

[45] 베드로와 함께 온 할례 받은 신자들이 이방인들에게도 성령 부어 주심으로 말미암아 놀라니

[46] 이는 방언을 말하며 하나님 높임을 들음이러라

[47] 이에 베드로가 이르되 이 사람들이 우리와 같이 성령을 받았으니 누가 능히 물로 세례 베풂을 금하리요 하고

[48] 명하여 예수 그리스도의 이름으로 세례를 베풀라 하니라 그들이 베드로에게 며칠 더 머물기를 청하니라"

5. 구원받은 사람에게는 언제나 함께하신다

(마 28:20) "내가 너희에게 분부한 모든 것을 가르쳐 지키게 하라 볼지어다 내가 세상 끝날까지 너희와 항상 함께 있으리라 하시니라"

6. 성령은 속사람(영)에 거하신다

(엡 3:16) "그의 영광의 풍성함을 따라 그의 성령으로 말미암아 너희 속사람을 능력으로 강건하게 하시오며"

(약 4:5) "너희는 하나님이 우리 속에 거하게 하신 성령이 시기하기까지 사모한다 하신 말씀을 헛된 줄로 생각하느냐"

제 9 장

성령 임재의 모습

1. 비둘기같이 임했다

(마 3:16) "예수께서 세례를 받으시고 곧 물에서 올라오실새 하늘이 열리고 하나님의 성령이 비둘기 같이 내려 자기 위에 임하심을 보시더니"

2. 성령 충만한 사람이 안수할 때 임했다

(행 19:6) "바울이 그들에게 안수하매 성령이 그들에게 임하시므로 방언도 하고 예언도 하니"

3. 불과 바람같이 임한다

(행 2:2-4) "[2] 홀연히 하늘로부터 급하고 강한 바람 같은 소리가 있어 그들이 앉은 온 집에 가득하며

[3] 마치 불의 혀처럼 갈라지는 것들이 그들에게 보여 각 사람 위에 하나씩 임하여 있더니

[4] 그들이 다 성령의 충만함을 받고 성령이 말하게 하심을 따라 다른 언어들로 말하기를 시작하니라"

4.마음에 평안으로 임한다

성령 받은 사람은 세상이 주는 평안과는 다른 영적인 평안과 시원함이 심령에 가득하게 된다. 성령 받은 사람만 느낄 수 있다.

(롬 14:17) "하나님의 나라는 먹는 것과 마시는 것이 아니요 오직 성령 안에 있는 의와 평강과 희락이라"

5. 소망으로 임한다

절망적인 사람에게 성령이 임하면 마음에 절망이 사라지고 소망이 생긴다. 환경은 아무것도 변한 것이 없지만 마음에 소망이 생긴다. 이것이 성령의 은혜이다.

(롬 15:13) "소망의 하나님이 모든 기쁨과 평강을 믿음 안에서 너희에게 충만하게 하사 성령의 능력으로 소망이 넘치게 하시기를 원하노라"

6. 하나님이 100% 믿어짐으로 임한다

(고전 12:9) "다른 사람에게는 같은 성령으로 믿음을, 어떤 사람에게는 한 성령으로 병 고치는 은사를,"

7. 마음에 시원함으로 임한다

성령의 임재를 기도하면 갑자기 마음에 시원한 바람이 지나가는 것처럼 느끼고 특별한 시원함을 가슴에서 느낀다. 그 순간 매우 행복해진다.

8. 여러 가지 은사로 임한다

방언, 통역, 병 고침, 예언, 환상, 음성, 회개, 믿음, 꿈 등.

9. 능력으로 임한다

다른 사람의 질병을 놓고 기도하면 성령님의 역사로 치유되는 것을 느낀다.

(고전 12:9) "다른 사람에게는 같은 성령으로 믿음을, 어떤 사람에게는 한 성령으로 병 고치는 은사를,"

10. 치유로 임한다

눈물로 회개하면 영적 치유가 일어나면서 마음이 시원하고 평안해진다. 마음의 상처가 치유되면 평안하고 시원하다. 육체의 질병이 치유되는 기쁨을 얻는다. 자신의 병 고침을 받고 문제 해결을 받는 일도 있다.

(행 28:9) "이러므로 섬 가운데 다른 병든 사람들이 와서 고침을 받고"

제 10 장

성령 받은 증거

1. 자신이 뼛속까지 죄인인 것이 느껴진다

(딤전 1:15) "미쁘다 모든 사람이 받을 만한 이 말이여 그리스도 예수께서 죄인을 구원하시려고 세상에 임하셨다 하였도다 죄인 중에 내가 괴수니라"

성령이 처음 임하는 순간, 자신이 살아온 지금까지의 모든 죄가 한 번에 생각나면서 회개하게 된다. 눈물과 콧물이 쏟아지고, 예수님이 나의 죄 때문에 십자가를 지고 고통받으며 죽었다는 것이 믿어지며 통곡하면서 회개하게 된다.

2. 참된 회개를 한다

성령 세례를 받은 사람은 하나님 말씀을 불순종하고 죄를 지은 것이 생각나서 심령에서 나오는 참된 회개를 하게 되고, 그다음부터는 하나님 말씀대로 살려고 한다.

(마 3:11) "나는 너희로 회개하게 하기 위하여 물로 세례를 베풀거니와 내 뒤에 오시는 이는 나보다 능력이 많으시니 나는 그의 신을 들기도 감당하지 못하겠노라 그는 성령과 불로 너희에게 세례를 베푸실 것이요"

누구든지 성령의 선물을 받으려면 현재 알고 있는 죄를 자복하고 용서해 달라고 회개해야 한다. 그리고 성령 세례를 달라고 기도해야 한다.

(행 2:38) "베드로가 이르되 너희가 회개하여 각각 예수 그리스도의 이름으로 세례를 받고 죄 사함을 받으라 그리하면 성령의 선물을 받으리니"

참된 회개는 하나님께서 받아주시고 죄를 용서해 주신다. 그러면 영원한 생명을 주시는 구원을 받는다.

(행 11:18) "그들이 이 말을 듣고 잠잠하여 하나님께 영광을 돌려 이르되 그러면 하나님께서 이방인에게도 생명 얻는 회개를 주셨도다 하니라"

3. 성령 받으면 예수님이 그리스도(구원자)라고 믿어진다

(요 15:26) "내가 아버지께로부터 너희에게 보낼 보혜사 곧 아버지께로부터 나오시는 진리의 성령이 오실 때에 그가 나를 증언하실 것이요"

· 성령을 받으면 성경이 믿어진다.
· 겸손해진다.
· 낮아진다.
· 말씀대로 살려고 한다.
· 교회 일에 충성한다.
· 순종한다.
· 교회 다니는 것이 즐거워진다.

예수님이 십자가 위에서 물과 피를 우리에게 주시고, 우리 죄를 짊어지고 죽으셨다는 것이 성령님이 임하는 즉시로 믿어진다.

(요일 5:6) "이는 물과 피로 임하신 이시니 곧 예수 그리스도시라 물로만 아니요 물과 피로 임하셨고 증언하는 이는 성령이시니 성령은 진리니라"

4. 성경 말씀과 하나님이 믿어진다

생각이 바뀐다. 이해하는 것이 아니라 믿어진다.

(고전 12:9) "다른 사람에게는 같은 성령으로 믿음을, 어떤 사람에게는 한 성령으로 병 고치는 은사를,"

하나님은 이해하고 믿는 것이 아니다. 성령 받으면 순식간에 모든 성경 말씀이 100% 믿어진다. 그러므로 구원자이신 예수님도 믿어진다.

〈마리아처럼 하나님 말씀이 믿어진다〉

(눅 1:30-38) "[30] 천사가 이르되 마리아여 무서워하지 말라 네가 하나님께 은혜를 입었느니라

[31] 보라 네가 잉태하여 아들을 낳으리니 그 이름을 예수라 하라 …

[34] 마리아가 천사에게 말하되 나는 남자를 알지 못하니 어찌 이 일이 있으리이까

[35] 천사가 대답하여 이르되 성령이 네게 임하시고 지극히 높으신 이의 능력이 너를 덮으시리니 이러므로 나실 바 거룩한 이는 하나님의 아들이라 일컬어지리라 …

[37] 대저 하나님의 모든 말씀은 능하지 못하심이 없느니라

[38] 마리아가 이르되 주의 여종이오니 말씀대로 내게 이루어지이다 하매 천사가 떠나가니라"

5. 하나님 말씀대로 살려고 힘쓴다

사람의 생각을 버리고 하나님 중심으로 살려고 노력한다. 계명을 지키는 자는 성령이 자신 안에 거한다는 것을 증명한다.

(요일 3:24) "그의 계명을 지키는 자는 주 안에 거하고 주는 그의 안에 거하

시나니 우리에게 주신 성령으로 말미암아 그가 우리 안에 거하시는 줄을 우리가 아느니라"

6. 자신을 성찰하고 매일 회개 기도한다

(행 8:22) "그러므로 너의 이 악함을 회개하고 주께 기도하라 혹 마음에 품은 것을 사하여 주시리라"

7. 하나님을 잘 믿고 충성과 헌신하려고 노력한다

(빌 3:3) "하나님의 성령으로 봉사하며 그리스도 예수로 자랑하고 육체를 신뢰하지 아니하는 우리가 곧 할례파라"

(갈 5:22) "오직 성령의 열매는 사랑과 희락과 화평과 오래 참음과 자비와 양선과 충성과"

(고전 4:2) "그리고 맡은 자들에게 구할 것은 충성이니라"

8. 성령 받은 사람의 마음

· 자신이 죄인 중에 괴수라는 것을 알고 회개한다.
· 마음이 낮아진다.
· 하나님께 감사한다.
· 하나님이 100% 믿어진다.
· 하나님을 잘 믿으려고 노력한다.
· 하나님의 말씀을 믿고 순종하려고 노력한다.
· 신앙생활 잘하려고 힘쓴다.
· 성품이 변한다.

- 순한 양처럼 된다.
- 죄를 짓지 않으려고 노력한다.
- 성령의 9가지 열매가 나타난다.

  (갈 5:22-23) "[22] 오직 성령의 열매는 사랑과 희락과 화평과 오래 참음과 자비와 양선과 충성과 [23] 온유와 절제니 이같은 것을 금지할 법이 없느니라"
- 헌신한다.
- 헌금을 드린다.
- 하나님의 일을 기쁘게 생각하고 한다.
- 하나님의 뜻대로 살려고 한다.
- 성공하려는 마음을 버린다.
- 돈 욕심을 버린다.
- 주신 것에 감사한다.
- 마음이 청결해지려고 노력한다.
- 기분 나쁜 일도 오래 참는다.
- 억울해도 선한 마음을 갖는다.
- 모든 문제를 기도로 하나님께 맡긴다.
- 원수 갚는 일도 맡긴다.
- 죄를 잘 깨닫고 회개를 잘한다.
- 성품이 예수님을 닮아간다.
- 바울이 그랬고 베드로도 그랬다.
- 성품이 온유하고 겸손한 사람이 되어 간다.
- 남을 배려하고 존중하는 사람이 된다.
- 귀천을 가리지 않고 사람들에게 진심으로 대한다.

· 말에 은혜가 있다.

· 간증이 많다.

· 자신의 뜻을 버리고 하나님의 뜻을 이루어 드리려고 한다.

· 거룩하게 살려고 한다.

· 깨끗하게 살려고 한다.

· 정직과 성실함으로 산다.

· 하나님 중심으로 산다.

· 성경 중심으로 산다.

· 십계명과 하나님 사랑과 이웃 사랑을 지킨다.

· 믿음이 변하지 않는다.

· 영과 마음이 달라진다.

· 말과 행동이 변화된다.

제 **11** 장

성령 받은 사람이 할 일

1. 성령 받은 사람은 자기 생각대로 안 되고, 성령이 주시는 생각(성경 말씀)으로 살아야 한다

   (갈 5:25) "만일 우리가 성령으로 살면 또한 성령으로 행할지니"

2. 자기 생각대로 기도하는 것이 아니라 성령이 주시는 생각으로 기도해야 한다

   (유 1:20) "사랑하는 자들아 너희는 너희의 지극히 거룩한 믿음 위에 자신을 세우며 성령으로 기도하며"

3. 복음을 전하는 자가 되어야 한다

   (벧전 1:12) "이 섬긴 바가 자기를 위한 것이 아니요 너희를 위한 것임이 계시로 알게 되었으니 이것은 하늘로부터 보내신 성령을 힘입어 복음을 전하는 자들로 이제 너희에게 알린 것이요 천사들도 살펴 보기를 원하는 것이니라"

   성령 받은 사람은 살아계신 하나님과 예수 그리스도를 전하는 사람이 되어야 한다.

4. 성령 받은 사람은 살아계신 하나님의 증인이 되어야 한다

성령 받아 살아계신 하나님을 성령의 임재로 경험하였으면, 경험한 일을 간증하여 예수 그리스도를 증언하는 증인이 되어야 한다. 증인은 자신이 경험한 일을 증언하는 것이다.

(행 1:8) "오직 성령이 너희에게 임하시면 너희가 권능을 받고 예루살렘과 온 유대와 사마리아와 땅 끝까지 이르러 내 증인이 되리라 하시니라"

5. 성령 받은 사람은 성령 충만을 매일 기도해야 한다

성령 받은 사람은 성령이 충만하기를 매일 기도해야 한다. 그래서 더 성령 충만하여 큰 능력도 받아야 한다.

(엡 5:18) "술 취하지 말라 이는 방탕한 것이니 오직 성령으로 충만함을 받으라"

6. 성령 하나님을 근심케 하지 말아야 한다

성령 받은 사람이 죄를 범하거나 하나님의 말씀을 불순종하거나 거역하거나 악을 행하면 성령 하나님을 근심하게 하는 것이다. 성령 받은 사람은 언제나 선과 의를 행하고 마음에 악을 품지 말고 하나님께 충성하는 것이 하나님을 기쁘시게 하는 것이다.

(엡 4:30) "하나님의 성령을 근심하게 하지 말라 그 안에서 너희가 구원의 날까지 인치심을 받았느니라"

7. 성령의 능력으로 표적과 기사로 복음을 전해야 한다

성령 받은 사람은 더 많이 기도하여 성령의 능력을 받고, 불신자에게 하늘의 기쁜 소식을 전하는 사람이 되어야 한다.

(롬 15:19) "표적과 기사의 능력으로 성령의 능력으로 이루어졌으며 그리하여 내가 예루살렘으로부터 두루 행하여 일루리곤까지 그리스도의 복음을 편만하게 전하였노라"

전도자들이 전도할 때도 말이나 자신의 지혜나 지식으로 하는 것이 아니라, 초대교회 사도들처럼 성령의 역사와 능력을 보여 줌으로써 하면 더 큰 효과가 나타난다. 그러나 기도하지 않으면 성령의 역사는 없다.

(고전 2:4) "내 말과 내 전도함이 설득력 있는 지혜의 말로 하지 아니하고 다만 성령의 나타나심과 능력으로 하여"

제 12 장

성령의 용어 해석

1. 성령 받으라

성령 하나님을 자신의 심령에 모시는 것이다. 매일 기도를 많이 해야 한다. (계 3:20) "볼지어다 내가 문 밖에 서서 두드리노니 누구든지 내 음성을 듣고 문을 열면 내가 그에게로 들어가 그와 더불어 먹고 그는 나와 더불어 먹으리라"

2. 성령 세례

성령 세례의 의미를 물세례에서 찾아볼 수가 있다.

물세례는 세례요한이 (마 3:2) "회개하라 천국이 가까이 왔느니라" 하면서 회개와 죄 씻음의 표로 행하였다. 그러면서 내 뒤에 오시는 이는 성령 세례를 베푸신다고 하였다.

(마 3:11) "나는 너희로 회개하게 하기 위하여 물로 세례를 베풀거니와 내 뒤에 오시는 이는 나보다 능력이 많으시니 나는 그의 신을 들기도 감당하지 못하겠노라 그는 성령과 불로 너희에게 세례를 베푸실 것이요"

그러므로 성령 세례를 받으면 자신의 죄를 깨닫고 회개하는 것이다. 많은 그리스도인이 처음 성령이 임할 때, 어렸을 때부터 현재까지 자신이 지은 죄가 생각나서 몇 시간을 눈물, 콧물을 흘리며 회개한 경험이 있다. 그러고 나면 마음이 시원해지고 평화롭고 세상이 다르게 보이고 발이 구름

위를 걷는 것과 같은 느낌을 받는다. 그 후부터 하나님을 진심으로 사랑하고 믿게 된다. 이러한 현상을 성령 세례라고 본다.

예수님도 성령 세례를 받으라고 하셨다.

(마 28:19) "그러므로 너희는 가서 모든 민족을 제자로 삼아 아버지와 아들과 성령의 이름으로 세례를 베풀고"

예수님도 요한처럼 "회개하라 천국이 가까이 왔노라" 하시고, 천국에 들어가려면 회개해야 한다고 말씀하신다. 성령 세례를 받으면 마음속에서부터 회개가 나온다. 그러므로 모든 성도는 성령 세례를 받아야 한다.

(마 4:17) "이 때부터 예수께서 비로소 전파하여 이르시되 회개하라 천국이 가까이 왔느니라 하시더라"

3. 성령 충만

거룩한 하나님의 영이 마음에서 온몸에 충만하여 세상의 어떤 것도 받아들이지 않고 성경 말씀과 하나님을 섬기는 마음으로 가득 찬 상태를 말한다.

(엡 5:18) "술 취하지 말라 이는 방탕한 것이니 오직 성령으로 충만함을 받으라"

초대교회 성도들은 기도를 많이 하였다. 그래서 많은 사람이 성령 충만함을 받았다. 현대교회의 성도들도 기도를 많이 하는 성도가 되어야 성령 충만과 능력을 받을 수 있다.

(행 4:31) "빌기를 다하매 모인 곳이 진동하더니 무리가 다 성령이 충만하여 담대히 하나님의 말씀을 전하니라"

(행 7:55) "스데반이 성령 충만하여 하늘을 우러러 주목하여 하나님의 영

광과 및 예수께서 하나님 우편에 서신 것을 보고"

(행 13:52) "제자들은 기쁨과 성령이 충만하니라"

4. 성령의 은사

성령의 아홉 가지 은사를 받으면 하나님을 전하고 사역하는 데 큰 도움이 된다. 그러나 성령의 은사는 더 많은 것이 있다. 사람마다 다르게 주시기도 한다.

(고전 12:8-11) "[8] 어떤 사람에게는 성령으로 말미암아 지혜의 말씀을, 어떤 사람에게는 같은 성령을 따라 지식의 말씀을,

[9] 다른 사람에게는 같은 성령으로 믿음을, 어떤 사람에게는 한 성령으로 병 고치는 은사를,

[10] 어떤 사람에게는 능력 행함을, 어떤 사람에게는 예언함을, 어떤 사람에게는 영들 분별함을, 다른 사람에게는 각종 방언 말함을, 어떤 사람에게는 방언들 통역함을 주시나니

[11] 이 모든 일은 같은 한 성령이 행하사 그의 뜻대로 각 사람에게 나누어 주시는 것이니라"

5. 성령의 열매

성령 받은 사람과 악령 받은 사람을 겉으로 보아서는 구별하기가 어렵다. 그러나 예수님 말씀대로 그 사람의 생활 속에서 맺는 열매를 보면 분별할 수 있다.

성령이 임한 사람은 성령의 아름다운 열매를 맺는다. 그래서 이웃에게 말이나 행동으로 피해 주지 않는다. 그러나 악령이 들어간 사람은 이기적이고 욕심 많고 거짓말 잘하고 도둑질하고 성도나 이웃에게 피해를 준다.

또 교만하고 자기를 높이고 대접받으려 하고 다른 사람을 무시하는 언어를 사용하고 신경질도 잘 부린다.

(갈 5:22-23) "[22] 오직 성령의 열매는 사랑과 희락과 화평과 오래 참음과 자비와 양선과 충성과 [23] 온유와 절제니 이같은 것을 금지할 법이 없느니라"

6. 성령의 능력

모든 사역자와 전도자는 성령 충만과 성령의 능력을 받아야 한다. 그러기 위해서는 하루 5시간 이상 기도해야 한다.

(고전 2:4-5) "[4] 내 말과 내 전도함이 설득력 있는 지혜의 말로 하지 아니하고 다만 성령의 나타나심과 능력으로 하여 [5] 너희 믿음이 사람의 지혜에 있지 아니하고 다만 하나님의 능력에 있게 하려 하였노라"

7. 성령 모독죄(하나님 모독죄)

(눅 12:10) "누구든지 말로 인자를 거역하면 사하심을 받으려니와 성령을 모독하는 자는 사하심을 받지 못하리라"

성령님은 거룩한 하나님의 영이시다. 하나님을 모독하는 자는 영원히 죄사함을 받지 못한다. 그래서 구원받지 못한다. 자신의 말과 행동으로 하나님을 모독하는 일이 없도록 해야 한다.

〈심판받는 사람들의 몸에 하나님을 모독하는 이름이 가득했다〉

(계 17:3) "곧 성령으로 나를 데리고 광야로 가니라 내가 보니 여자가 붉은 빛 짐승을 탔는데 그 짐승의 몸에 하나님을 모독하는 이름들이 가득하고 일곱 머리와 열 뿔이 있으며"

8. 성령 소멸

성령 받은 사람이 성령을 소멸하는 일이 있다. 그래서 경고하는 말씀이다. 구약에서 사울 왕이 하나님의 말씀을 불순종하여 성령을 소멸하였다. 신약에서 일곱 집사 중의 하나인 니골라가 후에 이단으로 변질되어 성령을 소멸하였다.

성령은 하나님의 뜻을 거역하거나 교만해지거나 스스로를 높이거나 성경 말씀을 계속 어기거나 악을 행하면 소멸된다.

(살전 5:19-22) "[19] 성령을 소멸하지 말며 [20] 예언(성경 예언의 말씀)을 멸시하지 말고 [21] 범사에 헤아려 좋은 것을 취하고 [22] 악은 어떤 모양이라도 버리라"

9. 성령을 근심케 말라

성령을 근심케 하는 것이 죄를 짓는 것이다. 하나님이 싫어하시는 죄를 범하면 마귀에게 틈을 주는 것이 되고 구원을 주신 성령님께 근심이 된다. 혹 죄로 인하여 구원을 잃어버릴까 근심이 되는 것이다.

(엡 4:25-32) "[25] 그런즉 거짓을 버리고 각각 그 이웃과 더불어 참된 것을 말하라 이는 우리가 서로 지체가 됨이라

[26] 분을 내어도 죄를 짓지 말며 해가 지도록 분을 품지 말고

[27] 마귀에게 틈을 주지 말라

[28] 도둑질하는 자는 다시 도둑질하지 말고 돌이켜 가난한 자에게 구제할 수 있도록 자기 손으로 수고하여 선한 일을 하라

[29] 무릇 더러운 말은 너희 입 밖에도 내지 말고 오직 덕을 세우는 데 소용되는 대로 선한 말을 하여 듣는 자들에게 은혜를 끼치게 하라

[30] 하나님의 성령을 근심하게 하지 말라 그 안에서 너희가 구원의 날까

지 인치심을 받았느니라

[31] 너희는 모든 악독과 노함과 분냄과 떠드는 것과 비방하는 것을 모든 악의와 함께 버리고

[32] 서로 친절하게 하며 불쌍히 여기며 서로 용서하기를 하나님이 그리스도 안에서 너희를 용서하심과 같이 하라"

10. 성령의 기름 부음

하나님 말씀대로 살면서 기도를 많이 하는 사람은, 성령 하나님이 계속 머리에 기름을 붓듯 성령의 능력이 나타나도록 역사해 주신다.

(행 10:38) "하나님이 나사렛 예수에게 성령과 능력을 기름 붓듯 하셨으매 그가 두루 다니시며 선한 일을 행하시고 마귀에게 눌린 모든 사람을 고치셨으니 이는 하나님이 함께 하셨음이라"

11. 성령이 떠남

처음에는 성령을 받아 구원받았으나 마귀에게 속아 죄를 범하고, 회개하지 아니하므로 성령 하나님이 그를 떠나서 구원을 잃어버린 것이다.

한 번 구원은 영원한 구원이라는 말씀만 보지 말고, 성령 하나님이 떠난다는 말씀도 있다는 것을 보고 신앙생활하기를 바란다.

(히 6:4-6) "[4] 한 번 빛을 받고 하늘의 은사를 맛보고 성령에 참여한 바 되고
[5] 하나님의 선한 말씀과 내세의 능력을 맛보고도
[6] 타락한 자들은 다시 새롭게 하여 회개하게 할 수 없나니 이는 그들이 하나님의 아들을 다시 십자가에 못 박아 드러내 놓고 욕되게 함이라"

〈니골라 이야기〉

(행 6:5) "온 무리가 이 말을 기뻐하여 믿음과 성령이 충만한 사람 스데반과 또 빌립과 브로고로와 니가노르와 디몬과 바메나와 유대교에 입교했던 안디옥 사람 니골라를 택하여"

(계 2:6) "오직 네게 이것이 있으니 네가 니골라 당의 행위를 미워하는도다 나도 이것을 미워하노라"

〈사울 왕 이야기〉

(삼상 16:14) "여호와의 영이 사울에게서 떠나고 여호와께서 부리시는 악령이 그를 번뇌하게 한지라"

제 13 장

믿음의 사람은 모두 성령 충만하였다

성경에 등장하는 믿음의 사람들은 성령에 충만하였다.

성령 충만한 사람들 중에는 능력이 나타나는 사람들도 있고, 능력은 없지만 하나님을 믿는 믿음이 변함없고 하나님을 섬기는 일에 목숨을 드리고 세상의 것을 보고도 흔들리지 않았다. 그리고 하나님은 성령 충만한 사람을 일꾼으로 사용하셨다. 우리도 하나님께 쓰임 받으려면 성령 충만함을 받는 것이 첫 번째 일이고 급한 일이다.

1. 구약 성경에 성령 충만한 사람

에녹, 노아, 아브라함, 이삭, 야곱, 요셉, 모세, 브살렐, 여호수아, 다윗, 사드락, 메삭, 아벳느고, 다니엘, 엘리야, 엘리사, 이사야, 예레미야 등.

(창 41:38) "바로가 그의 신하들에게 이르되 이와 같이 하나님의 영에 감동된 사람(요셉)을 우리가 어찌 찾을 수 있으리요 하고"

(출 35:30-33) "[30] 모세가 이스라엘 자손에게 이르되 볼지어다 여호와께서 유다 지파 훌의 손자요 우리의 아들인 브살렐을 지명하여 부르시고 [31] 하나님의 영을 그에게 충만하게 하여 지혜와 총명과 지식으로 여러 가지 일을 하게 하시되 [32] 금과 은과 놋으로 제작하는 기술을 고안하게 하시며 [33] 보석을 깎아 물리며 나무를 새기는 여러 가지 정교한 일을 하게 하셨고"

(왕하 2:15) "맞은편 여리고에 있는 선지자의 제자들이 그를 보며 말하기를 엘리야의 성령이 하시는 역사가 엘리사 위에 머물렀다 하고 가서 그에게로 나아가 땅에 엎드려 그에게 경배하고"

2. 신약 성경에 성령 충만한 사람

사가랴 제사장, 엘리사벳, 세례 요한, 12제자, 바울, 바나바, 누가, 마가, 일곱 집사, 디모데, 디도, 고넬료 등.

(눅 1:67) "그 부친 사가랴가 성령의 충만함을 받아 예언하여 이르되"

(행 4:8) "이에 베드로가 성령이 충만하여 이르되 백성의 관리들과 장로들아"

(행 11:24) "바나바는 착한 사람이요 성령과 믿음이 충만한 사람이라 이에 큰 무리가 주께 더하여지더라"

(행 13:9) "바울이라고 하는 사울이 성령이 충만하여 그를 주목하고"

3. 제자들이 성령 충만하여 능력이 나타나 증거가 되었다

(행 13:52) "제자들은 기쁨과 성령이 충만하니라"

(고후 12:12) "사도의 표가 된 것은 내가 너희 가운데서 모든 참음과 표적과 기사와 능력을 행한 것이라"

(히 2:4) "하나님도 표적들과 기사들과 여러 가지 능력과 및 자기의 뜻을 따라 성령이 나누어 주신 것으로써 그들과 함께 증언하셨느니라"

제 14 장

성령이 없는 사람과 성령 받지 못한 사람

1. 불신자와 이방인들이다

(시 10:4) "악인은 그의 교만한 얼굴로 말하기를 여호와께서 이를 감찰하지 아니하신다 하며 그의 모든 사상에 하나님이 없다 하나이다"

(살후 2:12) "진리를 믿지 않고 불의를 좋아하는 모든 자들로 하여금 심판을 받게 하려 하심이라"

(요 3:18) "그를 믿는 자는 심판을 받지 아니하는 것이요 믿지 아니하는 자는 하나님의 독생자의 이름을 믿지 아니하므로 벌써 심판을 받은 것이니라"

2. 교회를 다녀도 성령을 받지 못한 사람이 있다

육신에 속한 자들이다.

(유 1:19) "이 사람들은 분열을 일으키는 자며 육에 속한 자며 성령이 없는 자니라"

(고전 2:14) "육에 속한 사람은 하나님의 성령의 일들을 받지 아니하나니 이는 그것들이 그에게는 어리석게 보임이요, 또 그는 그것들을 알 수도 없나니 그러한 일은 영적으로 분별되기 때문이라"

교만한 사람들이다.

(행 7:51) "목이 곧고 마음과 귀에 할례를 받지 못한 사람들아 너희도 너희

조상과 같이 항상 성령을 거스르는도다"

불법을 행하는 자들이다.

(마 7:23) "그 때에 내가 그들에게 밝히 말하되 내가 너희를 도무지 알지 못하니 불법을 행하는 자들아 내게서 떠나가라 하리라"

(마 13:41) "인자가 그 천사들을 보내리니 그들이 그 나라에서 모든 넘어지게 하는 것과 또 불법을 행하는 자들을 거두어 내어"

(요일 3:4) "죄를 짓는 자마다 불법을 행하나니 죄는 불법이라"

바리새인과 사두개인, 서기관, 제사장과 같이 높아지려는 자들이다.

(마 23:2-3) "[2] 서기관들과 바리새인들이 모세의 자리에 앉았으니 [3] 그러므로 무엇이든지 그들이 말하는 바는 행하고 지키되 그들이 하는 행위는 본받지 말라 그들은 말만 하고 행하지 아니하며"

(마 23:33) "뱀들아 독사의 새끼들아 너희가 어떻게 지옥의 판결을 피하겠느냐"

맹인된 인도자들이다.

(마 15:14) "그냥 두라 그들은 맹인이 되어 맹인을 인도하는 자로다 만일 맹인이 맹인을 인도하면 둘이 다 구덩이에 빠지리라 하시니"

선택받지 못한 자들이다.

(마 22:14) "청함을 받은 자는 많되 택함을 입은 자는 적으니라"

가룟인 유다 같은 자들이다.

(요 12:6) "이렇게 말함은 가난한 자들을 생각함이 아니요 그는 도둑이라 돈궤를 맡고 거기 넣는 것을 훔쳐 감이러라"

(마 27:5) "유다가 은을 성소에 던져 넣고 물러가서 스스로 목매어 죽은지라"

(요 6:70-71) "[70] 예수께서 대답하시되 내가 너희 열둘을 택하지 아니하였느냐 그러나 너희 중의 한 사람은 마귀니라 하시니 [71] 이 말씀은 가룟 시몬의 아들 유다를 가리키심이라 그는 열둘 중의 하나로 예수를 팔 자러라"

(요 13:2) "마귀가 벌써 시몬의 아들 가룟 유다의 마음에 예수를 팔려는 생각을 넣었더라"

제 15 장

성령 하나님이 떠나는 사람

1. 성령으로 시작하여 육체로 마치는 사람

(갈 3:3) "너희가 이같이 어리석으냐 성령으로 시작하였다가 이제는 육체로 마치겠느냐"

2. 믿음에서 떠나 귀신의 가르침을 따르는 사람

(딤전 4:1) "그러나 성령이 밝히 말씀하시기를 후일에 어떤 사람들이 믿음에서 떠나 미혹하는 영과 귀신의 가르침을 따르리라 하셨으니"

3. 성령 비침을 받고 타락한 자

(히 6:4-6) "[4] 한 번 빛을 받고 하늘의 은사를 맛보고 성령에 참여한 바 되고 [5] 하나님의 선한 말씀과 내세의 능력을 맛보고도 [6] 타락한 자들은 다시 새롭게 하여 회개하게 할 수 없나니 이는 그들이 하나님의 아들을 다시 십자가에 못 박아 드러내 놓고 욕되게 함이라"

4. 성령 하나님의 말씀에 불순종하는 사람

(삼상 15:11) "내가 사울을 왕으로 세운 것을 후회하노니 그가 돌이켜서 나를 따르지 아니하며 내 명령을 행하지 아니하였음이니라 하신지라 사무엘이 근심하여 온 밤을 여호와께 부르짖으니라"

5. 생명책에서 지움을 받는 자

(시 69:28) "그들을 생명책에서 지우사 의인들과 함께 기록되지 말게 하소서"

(계 20:15) "누구든지 생명책에 기록되지 못한 자는 불못에 던져지더라"

6. 성령을 저버리는 자

(살전 4:8) "그러므로 저버리는 자는 사람을 저버림이 아니요 너희에게 그의 성령을 주신 하나님을 저버림이니라"

7. 하나님의 뜻대로 행하지 않고 자기 뜻대로 하는 자

(마 7:21) "나더러 주여 주여 하는 자마다 다 천국에 들어갈 것이 아니요 다만 하늘에 계신 내 아버지의 뜻대로 행하는 자라야 들어가리라"

8. 능력은 행하나 불법을 행하는 종

(마 7:22-23) "[22] 그 날에 많은 사람이 나더러 이르되 주여 주여 우리가 주의 이름으로 선지자 노릇 하며 주의 이름으로 귀신을 쫓아 내며 주의 이름으로 많은 권능을 행하지 아니하였나이까 하리니

[23] 그 때에 내가 그들에게 밝히 말하되 내가 너희를 도무지 알지 못하니 불법을 행하는 자들아 내게서 떠나가라 하리라"

제 16 장

성령집회 특징

성령 하나님은 거룩한 하나님의 영이라는 것을 기본으로 알아야 한다. 그러므로 모든 집회는 거룩하게, 경건하게 해야 한다. 이것을 벗어나면 마귀에게 속는 것이다.

집회와 치유, 찬양, 기도 등 모든 순서를 사람의 방법이나 힘을 가하여 하지 않도록 한다. 자기 힘으로 무엇인가 하려는 마음이 거룩함을 벗어나게 한다.

오직 성령 하나님이 하시도록 해야 한다. 기적이 일어나도 성령 하나님이 하시고 안 일어나도 성령 하나님이 하신다. 내가 하나님이 되지 않도록 해야 한다. 내 힘으로 하면 자신이 하나님이 되는 것이다.

⭐ **예화 1)**

개척할 때 매일 치유집회를 하면서 한 여자 청년에게서 귀신이 드러나 쫓아주었다. 그러나 즉시 좋아졌는데 좌석에 가서 앉으면 다시 들어갔다. 이런 일이 매일 반복되었다. 그래서 나에게 부족한 것이 있나 하고 예수님께 여쭈어보았다. 예수님께서는 "내가 나가라고 하지 않는데 왜 네가 애쓰느냐?"라고 말씀하셨다.

그 후, 생각지 못한 사건이 일어났다. 그 여자 청년은 교회학교 교사를 하면서 회계도 보았는데 어느 날, 금요철야기도회에 나와 성경책을 의자에 놓아두고는 사라졌다. 알아보니 남자 청년과 눈이 맞아 사라진 것이었다.

몇 달 만에 동거하고 있는 청년을 찾았고, 가지고 간 교회학교 헌금을 돌려달라고 하였더니 모두 써버려서 없다고 하는 것이다. 그래서 포기하고 돌아왔다. 그 후에 아들을 낳았다는 소식도 들었다.

그리고 1년 후, 동네 사거리에서 신호를 기다리고 있는데 시내버스가 인도로 밀고 들어와 치어 죽었다는 얘기를 전해 들었다.

안타깝고 슬픈 일이었다. 사람의 생명과 구원은 전적으로 하나님께 달려 있다는 것을 깨달았다.

⭐ 예화 2)

고급 공무원인 남자 암 환자가 매일 기도를 받으러 왔다. 생활도 여유가 있어 잘사는 편이고 사람도 착해 보였다. 그래서 매일 열심히 치유기도 해 주었다. 이 사람이 치유를 받으면 교회의 일꾼이 될 것이라는 믿음을 가지고 3일 금식도 하며 열심히 기도하였다. 그런데 그 당시에 많은 중환자와 암 환자들이 치유되었음에도 이 사람은 치유가 되지 않고 소천하였다.

나는 내 믿음과 기도가 부족한 것 같아 슬펐다. 하나님께 내가 모르는 것을 가르쳐 달라고 여쭈었다. 예수님께서는 "그는 치유되면 다시 세상에서 죄 짓고 살다가 영벌 받는 곳으로 가게 된다. 지금 회개하고 기도할 때 구원받기 때문에 데려갔다."라고 말씀하셨다. 하나님의 생각은 나의 생각과 다르셨다는 것을 깨달았다. 그리고 하나님의 생각이 옳다고 믿었다. 치유기도나 축사기도를 할 때 사람의 생각이나 욕심이 들어가면 안 된다는 것을 깨달았고, 진심으로 기도해 주고 전적으로 하나님의 뜻에 맡겨야 한다는 것을 배웠다.

치유기도를 하는 사람은 자신을 높이지 말고, 하나님의 종이라는 신분을 항상 기억하여 과한 행동을 하지 않길 바란다. 사람의 생각이나 방법이 들어가면 마귀에게 속아 거룩하지 않은 방법으로 불법을 행하는 사람이 될 수 있다.

(마 7:21-23) "[21] 나더러 주여 주여 하는 자마다 다 천국에 들어갈 것이 아니요 다만 하늘에 계신 내 아버지의 뜻대로 행하는 자라야 들어가리라

[22] 그 날에 많은 사람이 나더러 이르되 주여 주여 우리가 주의 이름으로 선지자 노릇 하며 주의 이름으로 귀신을 쫓아 내며 주의 이름으로 많은 권능을 행하지 아니하였나이까 하리니

[23] 그 때에 내가 그들에게 밝히 말하되 내가 너희를 도무지 알지 못하니 불법을 행하는 자들아 내게서 떠나가라 하리라"

이 말씀에 걸리면 영벌 받는 곳으로 간다.

제 17 장

성령집회 주의사항

· 자기는 없어야 하고, 성경말씀대로 살면서 한다.

· 거룩하고 경건하게 해야 한다.

· 이상한 말과 행동을 하지 않는다.

· 누가 보아도 깨끗해야 한다.

· 하나님 말씀대로만 한다.

· 사람은 칭찬이나 영광을 받지 않는다.

· 오직 하나님만 받으시게 한다.

· 치유기도를 하는 사람이 말씀의 본이 되고, 신앙의 본이 되고. 가정의 본이 되고, 성품의 본이 되어야 한다.

· 새사람이 되어 있어야 한다. 성경에서 말씀하는 새사람이다.

· 성령으로 거듭난 사람이어야 한다.

· 영혼만 거듭난 것이 아니라 육신의 생활도 거듭나야 한다. 이런 사람이 성령의 사람이다.

· 성령집회도 거룩하다. 누가 보아도 거룩하다.

· 인위적인 방법을 사용하지 않는다.

· 모든 은사와 능력과 치유를 성령 하나님께 맡긴다.

· 모두를 치료한다고 말하지 않는다.

· 자기가 치료한다고도 말하지 않는다.

· 성령 하나님께서 필요한 사람, 인정한 사람에게만 역사하신다는 것을 말한다.
· 기도한다고 모두 들어주시지 않는다.
· 인간의 방법으로 강제적으로 은혜받게 하지 않는다.
· 안수기도도 인위적인 방법을 사용하지 않는다.
· 하나님의 뜻에 맡긴다.

제 18 장

성령을 받지 않으면 일어나는 일

아무것도 할 수 없다.

자신의 힘으로 할 수 있는 것은 죄짓는 일이다.

베드로가 성령 받지 않았다면 아무것도 할 수 없다.

사도 바울도 성령 받지 않았다면 아무것도 할 수 없다.

다윗도 성령 받지 않았다면 아무것도 할 수 없다.

모세도 성령 받지 않았다면 아무것도 할 수 없다.

엘리야도 성령 받지 않았다면 아무것도 할 수 없다

엘리사도 성령 받지 않았다면 아무것도 할 수 없다

성경의 모든 믿음의 인물들도 마찬가지이다.

당신도 성령 받지 않았다면 아무것도 할 수 없다.

자신의 모습이 보여야 한다.

무엇이 부족한가?

어떤 기도부터 해야 하는가?

엉뚱한 기도를 하거나 기도를 안 하면 성령 받지 못한다.

당신이 아무것도 하지 못하는 것은 성령 충만하지 않다는 증거이다.

그것은 하나님이 당신과 함께하지 않는다는 것이다.

그럼 회개부터 해야 한다.

회개 금식기도부터 하라.

하나님이 용서해 줄 때까지 해야 한다.

한 번 하고 회개했다고 말하지 말라.

하나님이 용서해 주셔야 죄를 사함 받는다.

죄 사함을 받지 못하면 구원도 없다.

마음이 시원해지고 평안해지고 청결해질 때까지 회개해야 한다.

성령이 임하고 성령 충만해질 때까지 기도해야 한다.

제 19 장

귀신 쫓는 일에 관한 조언

1. 성령 받지 않아도 귀신을 쫓는다

예수님의 제자들이 성령 받은 것은 마가의 다락방에서 기도한 후이다. 예수님과 함께 사역할 때는 성령 받지 않았다. 예수님의 말씀만 믿고 나가서 전도하였다. 제자들은 마가의 다락방에서 성령 받기 전에도 귀신을 쫓아내고 병자를 위해 치료기도를 하였다. 가룟 유다도 성령 받지 않았는데도 귀신을 쫓아보았다고 할 수 있다.

(눅 9:1) "예수께서 열두 제자를 불러 모으사 모든 귀신을 제어하며 병을 고치는 능력과 권위를 주시고"

2. 70명의 전도대원(평신도)도 귀신을 쫓아내고 병자 치료기도를 하였다

(눅 10:1-20) "[1] 그 후에 주께서 따로 칠십 인을 세우사 친히 가시려는 각 동네와 각 지역으로 둘씩 앞서 보내시며 …

[17] 칠십 인이 기뻐하며 돌아와 이르되 주여 주의 이름이면 귀신들도 우리에게 항복하더이다 …

[20] 그러나 귀신들이 너희에게 항복하는 것으로 기뻐하지 말고 너희 이름이 하늘에 기록된 것으로 기뻐하라 하시니라"

3. 아무것도 받지 말라고 하셨다

(마 10:8) "병든 자를 고치며 죽은 자를 살리며 나병환자를 깨끗하게 하며 귀신을 쫓아내되 너희가 거저 받았으니 거저 주라"

욕심을 부리거나 높아지지 말라는 말씀이다. 낮아져서 성자 예수님의 말씀대로만 순종하라는 말씀이고, 종의 신분을 잊지 말라는 말씀이다.

마귀는 사람 마음에 욕심과 거짓을 말하고 심는다. 그리고 교만, 자만, 이기심, 높아짐을 심는다. 여기에 걸리면 마귀의 밥이 된다.

그래서 예수님은 아무것도 받지 말라고 하셨다. 현시대 하나님의 종들이 여기에 걸려 하나님께 버림받은 사람이 많다.

(약 1:15) "욕심이 잉태한즉 죄를 낳고 죄가 장성한즉 사망을 낳느니라"

(딤전 6:10) "돈을 사랑함이 일만 악의 뿌리가 되나니 이것을 탐내는 자들은 미혹을 받아 믿음에서 떠나 많은 근심으로써 자기를 찔렀도다"

(약 4:6) "그러나 더욱 큰 은혜를 주시나니 그러므로 일렀으되 하나님이 교만한 자를 물리치시고 겸손한 자에게 은혜를 주신다 하였느니라"

(딤후 3:2) "사람들이 자기를 사랑하며 돈을 사랑하며 자랑하며 교만하며 비방하며 부모를 거역하며 감사하지 아니하며 거룩하지 아니하며"

(딤전 4:2) "자기 양심이 화인을 맞아서 외식함으로 거짓말하는 자들이라"

(눅 14:11) "무릇 자기를 높이는 자는 낮아지고 자기를 낮추는 자는 높아지리라"

4. 예수님의 명령을 믿고 순종하면 기적이 일어난다

성자 하나님의 말씀을 믿고 기도하면 성령 받은 사람처럼 기적을 경험하게 된다.

(마 10:1) "예수께서 그의 열두 제자를 부르사 더러운 귀신을 쫓아내며 모든 병과 모든 약한 것을 고치는 권능을 주시니라"

(막 16:17-18) "[17] 믿는 자들에게는 이런 표적이 따르리니 곧 그들이 내 이름으로 귀신을 쫓아내며 새 방언을 말하며 [18] 뱀을 집어올리며 무슨 독을 마실지라도 해를 받지 아니하며 병든 사람에게 손을 얹은즉 나으리라 하시더라"

5. 귀신을 드러나게 할 때도 성령의 역사로 해야 한다

〈귀신이 드러나는 경우〉

· 성령 하나님이 역사하시면 집회 중에 자연적으로 귀신이 드러난다. 찬송할 때도 드러난다.
· 통성기도나 개인기도할 때도 드러난다.
· 안수기도할 때도 드러난다.
· 개인이 혼자 기도하다가도 드러난다.

인위적으로 귀신이 드러나게 하는 기도를 조심하라.

귀신이 들어있는지 없는지도 모르면서 "귀신아! 나와! 나와!" 하고 소리지르면 기도를 받는 사람이 오히려 시험들 수 있다.

기도를 받는 본인은 없다고 생각하는데 나오라고 소리 지르면, 기도하는 사람을 이상한 사람으로 생각한다. 기도하는 그 사람이 마귀 들렸다고 생각한다. 그러므로 아무에게나 귀신 들렸다고 하지 말라.

귀신 추방이나 질병 치유를 열심히 하되, 성령 하나님의 역사를 구하고 억지로는 하지 말라. 억지로 하면 마귀 역사가 일어난다. 자기 욕심으로 억지로 하다가 마귀에게 속아 살 수 있다. 마귀는 서서히 사람을 속여 끝에 가서 망하게 한다.

귀신이 드러나고 안 드러나고는 성령 하나님이 결정하신다.

어떤 사람은 조상의 죗값이나 자기 죗값으로 인해 귀신 들린 상태로 살다가 죽게 하신다.

어떤 사람은 그 사람의 죗값으로 귀신이 자기 속에 있는 것을 모르게 하여 저주받고 영벌 받게 하신다.

어떤 사람은 교회에서 기도나 집회에 참여하는 중에 귀신이 몸과 입으로 드러나 들통나게 한다. 들통은 나지만 귀신이 나가지 않고 있다가 죽는다.

어떤 사람은 귀신이 나가도록 성령 하나님이 역사하시어 영혼과 육체까지 치료하고 살리신다. 어떤 사람은 육제의 질병만 치료되고 영혼은 죗값으로 영벌 받는다. 그러므로 그 사람이 어떻게 신앙생활을 하는지에 달려 있다.

모든 결정은 성령 하나님이 하시게 하고, 종은 말씀대로 최선을 다하면 된다.

〈넘어지는 것〉

· 교회에서 안수기도하면 기도를 받는 사람이 넘어지는 현상이 나타난다.
· 찬송을 부르다가 넘어지기도 한다.
· 일어서서 기도하다가 넘어지기도 한다.
· 의자에 앉아 설교 듣다가 넘어지기도 한다.
· 손수건을 흔들어도 넘어지기도 한다.
· '귀신아! 나가라!'고 명령만 해도 넘어진다.

이렇게 넘어지는 방법도 여러 가지이다. 여기서 알아야 할 것이 있다. 성령의 역사로 넘어지는 사람이 있으나, 악령의 역사로 넘어지는 사람도 있다.

넘어지고 나면 정신이 온전해지거나 질병이 치료되고 입신도 하고 불도 받고, 환상, 하나님의 음성, 방언, 예언, 능력을 받는 사람이 있다. 그리고 마음이 시원해지고 평안해지는 사람이 있고, 회개하는 사람도 있다.

그러나 전혀 아무런 일이 일어나지 않는 사람도 많다. 그러므로 넘어지는 일을 너무 중요하게 생각하지 말라. 넘어져도 안 넘어져도 성령의 역사만 있기를 기도하라. 이런 일들을 성령 역사의 한 부분으로 생각하라.

악령이 역사하는 지도자나 교회에 있다면 분별하여 떠나라. 예수님의 가르침으로 분별할 수 있다.

(마 7:15-23) "[15] 거짓 선지자들을 삼가라 양의 옷을 입고 너희에게 나아오나 속에는 노략질하는 이리라

[16] 그들의 열매로 그들을 알지니 가시나무에서 포도를, 또는 엉겅퀴에서 무화과를 따겠느냐

[17] 이와 같이 좋은 나무마다 아름다운 열매를 맺고 못된 나무가 나쁜 열매를 맺나니

[18] 좋은 나무가 나쁜 열매를 맺을 수 없고 못된 나무가 아름다운 열매를 맺을 수 없느니라

[19] 아름다운 열매를 맺지 아니하는 나무마다 찍혀 불에 던져지느니라

[20] 이러므로 그들의 열매로 그들을 알리라

[21] 나더러 주여 주여 하는 자마다 다 천국에 들어갈 것이 아니요 다만 하늘에 계신 내 아버지의 뜻대로 행하는 자라야 들어가리라

[22] 그 날에 많은 사람이 나더러 이르되 주여 주여 우리가 주의 이름으로 선지자 노릇 하며 주의 이름으로 귀신을 쫓아 내며 주의 이름으로 많은 권

능을 행하지 아니하였나이까 하리니

[23] 그 때에 내가 그들에게 밝히 말하되 내가 너희를 도무지 알지 못하니 불법을 행하는 자들아 내게서 떠나가라 하리라"

지혜로운 사람은 조금만 관찰하면 알 수 있는 일이다.

성령 받아 은사를 사용하는 종들이나 지식을 사용하는 종들은 언제나 자기를 돌아보아야 한다. 내가 지금 하나님의 말씀과 뜻대로 살고 있고 행하는지 점검해 보아야 한다. 잘못하면 은사를 행하고 구원받지 못하는 끔찍한 일이 자신에게 생길 수 있다. 항상 자신을 돌아보는 것은 좋은 일이다.

제 20 장

성령의 은사 사용의 장점과 단점

1. 성령의 능력을 받고 지혜롭게 사용해야 유익이 된다

1) 자신의 영성이 깊어지고 능력이 크게 성장한다.

2) 교회가 부흥한다.

3) 바울처럼 지혜롭게 사용해야 한다.

4) 하나님께 영광이 된다.

5) 자신에게 큰 힘이 된다.

6) 하나님께 인정받고 상과 복을 받는다.

2. 성령의 능력을 잘못 사용하면 망한다

1) 교회가 부흥하지 않는다.

2) 이단 소리를 듣는다.

3) 자신에게 유익이 되지 않는다.

4) 하나님의 영광을 가린다.

5) 마귀에게 이용당한다.

6) 하나님의 심판을 받는다.

제 21 장

마귀를 알아야 이긴다

마귀를 모르는데 어떻게 이길 수가 있는가?

손자병법에 '지피지기(知彼知己)면 백전백승(百戰百勝)'이라고 하였다. 그 뜻은 '적을 알면 백 번 싸워서 백 번 이길 수 있다'는 것이다. 그리스도인의 적은 마귀와 그 부하들이다. 그들의 정체와 실력을 알고 물리치는 방법을 알면 이길 수 있다.

1. 사탄의 기원

1) 하나님의 피조물이다.

사탄은 '마귀'라고도 부른다. 하나님이 만든 피조물이다. 그는 천사로 창조되었으나 교만해졌고, 하나님처럼 되려고 하나님을 배반하고 반역을 일으켰으나 실패하였고, 하나님께 심판받아 하늘나라에서 쫓겨나 어두운 곳으로 떨어진 존재이다.

그는 여러 가지 명칭이 있다.

사탄: 히브리어로 '사단'은 '대적'을 의미한다.

'사단'이라는 말은 '고발자' 혹은 '비방자'를 의미하게 된다. 그러므로 '사단'을 '마귀'라고 번역하기도 한다.

· '마귀' (마태, 누가, 요한복음, 사도행전, 바울 서신, 히브리서, 야고보서, 베드로전서, 요한1서, 유다서, 요한계시록)

- '시험하는 자' (마 13:16, 요일 5:18)
- '참소하던 자' (계 12:10)
- '원수' (마 13:39, 눅 10:19)
- '대적' (벧전 5:8)
- '귀신의 왕' (마 9:34, 마 12:24, 막 3:22, 눅 11:15)
- '이 세상 임금' (요 12:31, 16:11)
- '공중의 권세 잡은 자' (엡 2:2)
- '벨리알' (고후 6:15)
- '바알세불' (마 10:25, 마 12:24·27, 막 3:22, 눅 11:15, 18-19)
- '이 세상의 신' (고후 4:4)
- '거짓과 욕심의 아비' (요 8:44)
- '악한 영과 어두움의 세상 주관자' (엡 6:12)

2) 천사로 지음받았다.

(벧후 2:4) "하나님이 범죄한 천사들을 용서하지 아니하시고 지옥에 던져 어두운 구덩이에 두어 심판 때까지 지키게 하셨으며"

(겔 28:17) "네가 아름다우므로 마음이 교만하였으며 네가 영화로우므로 네 지혜를 더럽혔음이여 내가 너를 땅에 던져 왕들 앞에 두어 그들의 구경거리가 되게 하였도다"

(유 1:6) "또 자기 지위를 지키지 아니하고 자기 처소를 떠난 천사들을 큰 날의 심판까지 영원한 결박으로 흑암에 가두셨으며"

3) 하나님을 섬기는 종으로 지음받았다.

모든 천사는 하나님의 말씀에 순종하고 하나님을 섬기는 종으로서 지음받았다.

(히 1:14) "모든 천사들은 섬기는 영으로서 구원 받을 상속자들을 위하여 섬기라고 보내심이 아니냐"

(마 4:11) "이에 마귀는 예수를 떠나고 천사들이 나아와서 수종드니라"

(벧전 3:22) "그는 하늘에 오르사 하나님 우편에 계시니 천사들과 권세들과 능력들이 그에게 복종하느니라"

4) 사탄은 하늘나라에서 음악을 주관하는 천사장이었다고 한다.

그래서 누구보다 음악을 잘 안다. 음악을 사용하여 세상 사람을 속여 하나님을 부르지 못하게 하고 있고, 타락하고 슬프게 하고 비관하고 절망하게 한다.

음악은 감정을 자극한다. 세상의 음악은 영혼을 죽이고 마음의 감정을 움직여 육체를 즐겁게 하거나 슬프게 하여 거기에 푹 빠지게 한다.

찬송가는 영혼을 회복시키고 살린다. 그래서 찬송을 부르면 영혼이 평안해지고 영혼이 은혜를 받아 충만해지고 마음도 함께 회복된다.

지금은 교회 음악에도 마귀가 들어와 찬송가 내용을 성경에서 벗어나게 하여 영혼을 죽이고 있다. 이런 것을 깨닫고 분별하여 불러야 한다.

5) 하나님 나라에서 쫓겨났다.

마귀의 죄는 하나님께 도전한 반역죄이다.

자신이 높아져서 교만해진 죄이다.

하나님의 말씀을 불순종하고 어긴 죄이다.

그래서 하나님께 심판받아 하나님 나라(빛의 나라)에서 어두운 곳으로 쫓겨났다.

(벧후 2:4) "하나님이 범죄한 천사들을 용서하지 아니하시고 지옥에 던져 어두운 구덩이에 두어 심판 때까지 지키게 하셨으며"

(계 12:7-10) "[7] 하늘에 전쟁이 있으니 미가엘과 그의 사자들이 용과 더불어 싸울새 용과 그의 사자들도 싸우나

[8] 이기지 못하여 다시 하늘에서 그들이 있을 곳을 얻지 못한지라

[9] 큰 용이 내쫓기니 옛 뱀 곧 마귀라고도 하고 사탄이라고도 하며 온 천하를 꾀는 자라 그가 땅으로 내쫓기니 그의 사자들도 그와 함께 내쫓기니라

[10] 내가 또 들으니 하늘에 큰 음성이 있어 이르되 이제 우리 하나님의 구원과 능력과 나라와 또 그의 그리스도의 권세가 나타났으니 우리 형제들을 참소하던 자 곧 우리 하나님 앞에서 밤낮 참소하던 자가 쫓겨났고"

2. 사탄과 부하들

1) 사탄이라고 하는 마귀

(계 12:9) "큰 용이 내쫓기니 옛 뱀 곧 마귀라고도 하고 사탄이라고도 하며 온 천하를 꾀는 자라 그가 땅으로 내쫓기니 그의 사자들도 그와 함께 내쫓기니라"

2) 미혹의 영

(딤전 4:1) "그러나 성령이 밝히 말씀하시기를 후일에 어떤 사람들이 믿음에서 떠나 미혹하는 영과 귀신의 가르침을 따르리라 하셨으니"

(요일 4:6) "우리는 하나님께 속하였으니 하나님을 아는 자는 우리의 말을 듣고 하나님께 속하지 아니한 자는 우리의 말을 듣지 아니하나니 진리의 영과 미혹의 영을 이로써 아느니라"

3) 거짓의 영

(요 8:44) "너희는 너희 아비 마귀에게서 났으니 너희 아비의 욕심대로 너희도 행하고자 하느니라 그는 처음부터 살인한 자요 진리가 그 속에 없으므로 진리에 서지 못하고 거짓을 말할 때마다 제 것으로 말하나니 이는 그가 거짓말쟁이요 거짓의 아비가 되었음이라"

4) 귀신

(마 17:18) "이에 예수께서 꾸짖으시니 귀신이 나가고 아이가 그 때부터 나으니라"

(막 1:27) "다 놀라 서로 물어 이르되 이는 어찜이냐 권위 있는 새 교훈이로다 더러운 귀신들에게 명한즉 순종하는도다 하더라"

(계 16:14) "그들은 귀신의 영이라 이적을 행하여 온 천하 왕들에게 가서 하나님 곧 전능하신 이의 큰 날에 있을 전쟁을 위하여 그들을 모으더라"

5) 악령

(삼상 16:14) "여호와의 영이 사울에게서 떠나고 여호와께서 부리시는 악령이 그를 번뇌하게 한지라"

5) 용과 뱀

(계 20:2) "용을 잡으니 곧 옛 뱀이요 마귀요 사탄이라 잡아서 천 년 동안 결박하여"

(계 12:9) "큰 용이 내쫓기니 옛 뱀 곧 마귀라고도 하고 사탄이라고도 하며 온 천하를 꾀는 자라 그가 땅으로 내쫓기니 그의 사자들도 그와 함께 내쫓기니라"

3. 지옥

1) 지옥은 마귀와 그 부하들을 가두려고 만드셨다.

(벧후 2:4) "하나님이 범죄한 천사들을 용서하지 아니하시고 지옥에 던져 어두운 구덩이에 두어 심판 때까지 지키게 하셨으며"

2) 지옥의 모습은 꺼지지 않는 불이다.

(계 20:10) "또 그들을 미혹하는 마귀가 불과 유황 못에 던져지니 거기는 그 짐승과 거짓 선지자도 있어 세세토록 밤낮 괴로움을 받으리라"

(막 9:43) "만일 네 손이 너를 범죄하게 하거든 찍어버리라 장애인으로 영생에 들어가는 것이 두 손을 가지고 지옥 곧 꺼지지 않는 불에 들어가는 것보다 나으니라"

3) 사람이 지옥에 가는 이유는 하나님의 말씀을 듣지 않고 마귀의 말을 듣기 때문이다.

(롬 6:16) "너희 자신을 종으로 내주어 누구에게 순종하든지 그 순종함을 받는 자의 종이 되는 줄을 너희가 알지 못하느냐 혹은 죄의 종으로 사망에 이르고 혹은 순종의 종으로 의에 이르느니라"

· 마귀의 말을 믿고 하나님이 없다고 말하는 사람이 있다.
· 교회를 다녀도 하나님의 말씀을 믿지 않고 종교생활을 하는 사람이 있다.

· 하나님의 말씀을 듣고도 순종하지 않는 사람이 있다.

· 하나님을 믿는데 구원받는 길을 알려 주어도 자기 생각대로 믿는 사람이 있다.

이런 사람들은 모두 마귀의 말을 듣는 것이다. 결과적으로 마귀의 종이 되었으니 지옥으로 간다.

4. 마귀의 활동 범위

마귀의 타락은 죄로부터 시작하였다.

마귀는 죄를 범하면 하나님께 미움받고 버림받는다는 것을 알고 있다. 그래서 사람들에게 죄를 짓게 한다. 죄를 범하게 하려고 수많은 방법으로 미혹한다.

1) 사탄은 간교하고 거짓말 잘하고 잘 속여 죄를 짓게 한다.

하나님의 말씀을 의심하게 하고 믿지 못하게 하고 불순종하게 하였다.

(창 3:4-5) "[4] 뱀이 여자에게 이르되 너희가 결코 죽지 아니하리라

[5] 너희가 그것을 먹는 날에는 너희 눈이 밝아져 하나님과 같이 되어 선악을 알 줄 하나님이 아심이니라"

2) 사탄은 동물을 죽이고 사람도 죽이고 질병에 걸리게 하고 절망에 빠지게 하였다.

(욥 1:12-19) "[12] 여호와께서 사탄에게 이르시되 내가 그의 소유물을 다 네 손에 맡기노라 다만 그의 몸에는 네 손을 대지 말지니라 사탄이 곧 여호와 앞에서 물러가니라

[13] 하루는 욥의 자녀들이 그 맏아들의 집에서 음식을 먹으며 포도주를

마실 때에

[14] 사환이 욥에게 와서 아뢰되 소는 밭을 갈고 나귀는 그 곁에서 풀을 먹는데

[15] 스바 사람이 갑자기 이르러 그것들을 빼앗고 칼로 종들을 죽였나이다 나만 홀로 피하였으므로 주인께 아뢰러 왔나이다

[16] 그가 아직 말하는 동안에 또 한 사람이 와서 아뢰되 하나님의 불이 하늘에서 떨어져서 양과 종들을 살라 버렸나이다 나만 홀로 피하였으므로 주인께 아뢰러 왔나이다

[17] 그가 아직 말하는 동안에 또 한 사람이 와서 아뢰되 갈대아 사람이 세 무리를 지어 갑자기 낙타에게 달려들어 그것을 빼앗으며 칼로 종들을 죽였나이다 나만 홀로 피하였으므로 주인께 아뢰러 왔나이다

[18] 그가 아직 말하는 동안에 또 한 사람이 와서 아뢰되 주인의 자녀들이 그들의 맏아들의 집에서 음식을 먹으며 포도주를 마시는데

[19] 거친 들에서 큰 바람이 와서 집 네 모퉁이를 치매 그 청년들 위에 무너지므로 그들이 죽었나이다 나만 홀로 피하였으므로 주인께 아뢰러 왔나이다 한지라"

3) 사람의 몸속에 들어간다.

(삼상 18:10) "그 이튿날 하나님께서 부리시는 악령이 사울에게 힘 있게 내리매 그가 집 안에서 정신 없이 떠들어대므로 다윗이 평일과 같이 손으로 수금을 타는데 그 때에 사울의 손에 창이 있는지라"

(마 9:32) "그들이 나갈 때에 귀신 들려 말 못하는 사람을 예수께 데려오니"

4) 질병을 준다.

마귀가 욥의 몸에 질병을 주었다.

(욥 2:7) "사탄이 이에 여호와 앞에서 물러가서 욥을 쳐서 그의 발바닥에서 정수리까지 종기가 나게 한지라"

뇌전증 환자가 귀신이 나가니 치료되었다.

(막 9:25-27) "[25] 예수께서 무리가 달려와 모이는 것을 보시고 그 더러운 귀신을 꾸짖어 이르시되 말 못하고 못 듣는 귀신아 내가 네게 명하노니 그 아이에게서 나오고 다시 들어가지 말라 하시매
[26] 귀신이 소리 지르며 아이로 심히 경련을 일으키게 하고 나가니 그 아이가 죽은 것 같이 되어 많은 사람이 말하기를 죽었다 하나
[27] 예수께서 그 손을 잡아 일으키시니 이에 일어서니라"

5) 정신 이상이 생기게 한다.

예수님은 거라사 지방의 귀신들린 정신질환자를 고쳐주셨다.

(눅 8:29) "이는 예수께서 이미 더러운 귀신을 명하사 그 사람에게서 나오라 하셨음이라 (귀신이 가끔 그 사람을 붙잡으므로 그를 쇠사슬과 고랑에 매어 지켰으되 그 맨 것을 끊고 귀신에게 몰려 광야로 나갔더라)"

6) 몸에 들어왔다가 나가기도 한다.

(마 17:18) "이에 예수께서 꾸짖으시니 귀신이 나가고 아이가 그 때부터 나으니라"

(막 5:8) "이는 예수께서 이미 그에게 이르시기를 더러운 귀신아 그 사람에게서 나오라 하셨음이라"

7) 점을 치기도 한다.

(행 16:16) "우리가 기도하는 곳에 가다가 점치는 귀신 들린 여종 하나를 만나니 점으로 그 주인들에게 큰 이익을 주는 자라"

8) 악귀 들려있게 한다.

(눅 8:2) "또한 악귀를 쫓아내심과 병 고침을 받은 어떤 여자들 곧 일곱 귀신이 나간 자 막달라인이라 하는 마리아와"

9) 사람을 미혹한다.

(마 24:24) "거짓 그리스도들과 거짓 선지자들이 일어나 큰 표적과 기사를 보여 할 수만 있으면 택하신 자들도 미혹하리라"

10) 사람이 죄를 짓게 한다.

(요일 3:8) "죄를 짓는 자는 마귀에게 속하나니 마귀는 처음부터 범죄함이라 하나님의 아들이 나타나신 것은 마귀의 일을 멸하려 하심이라"

11) 하나님의 종 몸속에도 들어간다.

(고후 12:7) "여러 계시를 받은 것이 지극히 크므로 너무 자만하지 않게 하시려고 내 육체에 가시 곧 사탄의 사자를 주셨으니 이는 나를 쳐서 너무 자만하지 않게 하려 하심이라"

(눅 22:31) "시몬아, 시몬아, 보라 사탄이 너희를 밀 까부르듯 하려고 요구하였으나"

12) 예수님도 끝까지 쫓아다니며 괴롭혔다.

(마 2:7) "이에 헤롯이 가만히 박사들을 불러 별이 나타난 때를 자세히 묻고"

(마 4:1) "그 때에 예수께서 성령에게 이끌리어 마귀에게 시험을 받으러 광야로 가사"

(마 27:1-2) "[1] 새벽에 모든 대제사장과 백성의 장로들이 예수를 죽이려고 함께 의논하고 [2] 결박하여 끌고 가서 총독 빌라도에게 넘겨 주니라"

(마 27:41-42) "[41] 그와 같이 대제사장들도 서기관들과 장로들과 함께 희롱하여 이르되

[42] 그가 남은 구원하였으되 자기는 구원할 수 없도다 그가 이스라엘의 왕이로다 지금 십자가에서 내려올지어다 그리하면 우리가 믿겠노라"

13) 사람의 마음에서 하나님의 말씀을 빼앗는다.

(막 4:15) "말씀이 길 가에 뿌려졌다는 것은 이들을 가리킴이니 곧 말씀을 들었을 때에 사탄이 즉시 와서 그들에게 뿌려진 말씀을 빼앗는 것이요"

14) 권력과 재물과 힘을 하나님보다 더 믿게 한다.

(대상 21:1) "사탄이 일어나 이스라엘을 대적하고 다윗을 충동하여 이스라엘을 계수하게 하니라"

15) 배신하게 한다.

(요 13:2) "마귀가 벌써 시몬의 아들 가룟 유다의 마음에 예수를 팔려는 생각을 넣었더라"

16) 교회를 사탄의 회로 만들어 버린다.

(계 2:9) "내가 네 환난과 궁핍을 알거니와 실상은 네가 부요한 자니라 자칭 유대인이라 하는 자들의 비방도 알거니와 실상은 유대인이 아니요 사탄의 회당이라"

(계 3:9) "보라 사탄의 회당 곧 자칭 유대인이라 하나 그렇지 아니하고 거짓말 하는 자들 중에서 몇을 네게 주어 그들로 와서 네 발 앞에 절하게 하고 내가 너를 사랑하는 줄을 알게 하리라"

17) 사람을 교만하게 한다.

(딤전 3:6) "새로 입교한 자도 말지니 교만하여져서 마귀를 정죄하는 그 정죄에 빠질까 함이요"

(약 4:6) "그러나 더욱 큰 은혜를 주시나니 그러므로 일렀으되 하나님이 교만한 자를 물리치시고 겸손한 자에게 은혜를 주신다 하였느니라"

18) 겉으로는 착한 척을 한다.

(고후 11:14) "이것은 이상한 일이 아니니라 사탄도 자기를 광명의 천사로 가장하나니"

5. 마귀를 조심하라

1) 마귀와 귀신에게 미혹받지 않도록 조심해야 한다.

(막 13:5) "예수께서 이르시되 너희가 사람의 미혹을 받지 않도록 주의하라"

(딤전 4:1) "그러나 성령이 밝히 말씀하시기를 후일에 어떤 사람들이 믿음에서 떠나 미혹하는 영과 귀신의 가르침을 따르리라 하셨으니"

2) 자만하면 마귀에게 속는다.

(눅 21:34) "너희는 스스로 조심하라 그렇지 않으면 방탕함과 술취함과 생활의 염려로 마음이 둔하여지고 뜻밖에 그 날이 덫과 같이 너희에게 임하리라"

(고전 10:12) "그런즉 선 줄로 생각하는 자는 넘어질까 조심하라"

(히 3:12) "형제들아 너희는 삼가 혹 너희 중에 누가 믿지 아니하는 악한 마음을 품고 살아 계신 하나님에게서 떨어질까 조심할 것이요"

3) 마귀가 마음에 생각을 넣으면 빨리 깨닫고 물리쳐야 한다.

(눅 8:12) "길가에 있다는 것은 말씀을 들은 자니 이에 마귀가 가서 그들이 믿어 구원을 얻지 못하게 하려고 말씀을 그 마음에서 빼앗는 것이요"

(요 13:2) "마귀가 벌써 시몬의 아들 가룟 유다의 마음에 예수를 팔려는 생각을 넣었더라"

6. 마귀의 능력

1) 모세 시대에 마귀의 종들도 이적을 행하였다.

지팡이가 뱀이 되게 하였다.

(출 7:11-12) "[11] 바로도 현인들과 마술사들을 부르매 그 애굽 요술사들도 그들의 요술로 그와 같이 행하되

[12] 각 사람이 지팡이를 던지매 뱀이 되었으나 아론의 지팡이가 그들의 지팡이를 삼키니라"

2) 나일강 물을 피가 되게 하였다.

(출 7:20-22) "[20] 모세와 아론이 여호와께서 명령하신 대로 행하여 바

로와 그의 신하의 목전에서 지팡이를 들어 나일 강을 치니 그 물이 다 피로 변하고

[21] 나일 강의 고기가 죽고 그 물에서는 악취가 나니 애굽 사람들이 나일 강 물을 마시지 못하며 애굽 온 땅에는 피가 있으나

[22] 애굽 요술사들도 자기들의 요술로 그와 같이 행하므로 바로의 마음이 완악하여 그들의 말을 듣지 아니하니 여호와의 말씀과 같더라"

3) 애굽의 마술사도 개구리가 올라오게 하였다.

(출 8:6-7) "[6] 아론이 애굽 물들 위에 그의 손을 내밀매 개구리가 올라와서 애굽 땅에 덮이니

[7] 요술사들도 자기 요술대로 그와 같이 행하여 개구리가 애굽 땅에 올라오게 하였더라"

마귀도 성령의 역사를 많이 흉내 낸다. 이러한 능력을 마귀도 행한다는 것을 알아야 한다.

4) 악령도 큰 능력을 행한다.

(살후 2:9-10) "[9] 악한 자의 나타남은 사탄의 활동을 따라 모든 능력과 표적과 거짓 기적과 [10] 불의의 모든 속임으로 멸망하는 자들에게 있으리니 이는 그들이 진리의 사랑을 받지 아니하여 구원함을 받지 못함이라"

(계 13:11-15) "[11] 내가 보매 또 다른 짐승이 땅에서 올라오니 어린 양 같이 두 뿔이 있고 용처럼 말을 하더라

[12] 그가 먼저 나온 짐승의 모든 권세를 그 앞에서 행하고 땅과 땅에 사는 자들을 처음 짐승에게 경배하게 하니 곧 죽게 되었던 상처가 나은 자니라

[13] 큰 이적을 행하되 심지어 사람들 앞에서 불이 하늘로부터 땅에 내려오게 하고

[14] 짐승 앞에서 받은 바 이적을 행함으로 땅에 거하는 자들을 미혹하며 땅에 거하는 자들에게 이르기를 칼에 상하였다가 살아난 짐승을 위하여 우상을 만들라 하더라

[15] 그가 권세를 받아 그 짐승의 우상에게 생기를 주어 그 짐승의 우상으로 말하게 하고 또 짐승의 우상에게 경배하지 아니하는 자는 몇이든지 다 죽이게 하더라"

〈마귀가 주는 능력〉

악령도 성령이 하는 능력을 모두 흉내 내므로 정말 조심해야 한다. 능력을 믿지 말라. 성품과 언어와 행동이 성령의 열매를 맺으면 성령 받은 것이고, 없으면 악령 받은 것이다. 예수님을 닮아가면 성령 받은 것이고, 반대로 나타나면 악령 받은 것이다. 그래서 예수님이 능력을 보고 믿지 말고 열매를 보아 안다고 하셨다.

성령 받은 사람은 온유, 겸손, 정직, 성실하다. 가정에도 충실하고, 교회에도 충실하고, 직장에도 충실하다. 낮아져서 섬기고 존중해 주고, 이해하고 용서해 주고 사랑할 줄 알고, 거룩하고 경건하다.

악령 받은 사람은 이기적이고 욕심 많고, 높아지려 하고 대접받으려 하고, 거짓말 잘하고 약속을 안 지키고, 말과 행동이 달라 본이 안 되고, 칭찬받지 못하고, 가정에 충실하지 않고, 교회에도 충실한 것 같으나 감정적이다. 또 신경질을 내고 잘 토라지고 미워하고, 불만불평이 많고, 오해를 잘하고, 비난받을 짓을 많이 하고, 거룩하지 않고 경건하지 않다.

- 마귀도 방언을 준다. 애기 방언이라고 하면서 '랄랄랄라' 하거나 '룰룰룰루' 한다.
- 방언 받으라고 하면서 할렐루야를 빨리 하라고 한다. 또 '룰룰룰루'를 빨리 하라고 한다.
- 귀신 들려 예언도 한다(귀신 들린 무당처럼, 점쟁이처럼).
- 악령의 계시를 신의 계시라고 말한다.
- 귀신의 음성을 듣고 대화도 한다.
- 사람 몸속의 귀신과도 대화한다.
- 잘못된 믿음과 열심도 있다.
- 잘못된 열심으로 충성하게 한다.
- 집안일은 하지 않고 교회에서 산다.
- 집에 있는 돈이나 물건을 누구에게 갖다주라고 했다면서 갖다준다.
- 성경을 잘못 이해시켜 잘못 믿게 한다.
- 여러 가지 능력을 행한다.
- 귀신이 귀신을 쫓기도 한다(무당도 하고 스님도 함).
- 쓰러지게 하는 일도 한다.
- 소리 지르고 비명을 지르게 한다.
- 착한 일도 한다(광명한 천사로 가장하여 착한 일도 함).
- 병도 고친다(약간의 병도 고침).
- 가짜 방언 통역을 한다(귀신이 가짜 통역을 함).
- 악령이 영서도 쓰게 한다.
- 가짜 천국과 지옥에 다녀오게 한다(많은 사람이 속음).
- 잘못된 성경 해석을 한다(자기가 필요한 성경 구절만 인용, 성경 전체를 보지 못함).

· 가짜 미래를 보여 준다.

· 악령이 꿈 해석도 한다.

· 설교도 잘한다(하나님의 뜻에 맞지 않는 말씀).

· 악령 들려 기도하는 사람도 있다(악령이 기도하라고 한다, 성경 읽으라고도 한다).

· 머리를 흔들거리며 말한다.

· 두 손 들고 손을 떨면서 말한다.

· 두 손을 들고 몇 시간 동안 내리지 않고 기도한다.

· 무릎을 꿇고 펄쩍펄쩍 뛰면서 기도하게 한다.

· 성령 춤이라고 하면서 이상한 춤을 추게 한다.

이같이 악령도 못하는 것이 없을 정도로 능력을 행하여 사람을 속이고 미혹한다. 그러므로 성경을 정확히 배우고 분별하여 조심해야 한다. 많은 사람이 마귀가 준 능력에 속아 영벌 받는다.

〈마귀가 변질시킨 예배〉

예배를 드린다고 하면서 사람이 박수받고 사람이 영광을 받게 한다. 잘 생각해 보라. 예배는 하나님을 경외하여 경배하는 것인데 사람이 박수받는 것이 옳은 것인가?

박수받으려고 설교하는가?

박수받으려고 특송하는가?

요한계시록 4장은 하나님 보좌에서 예배드리는 모습이다. 네 생물과 이십사 장로들이 박수받는가? 그들이 거기서 박수받으면 어떻게 되겠는가?

지금 현대교회는 속히 이것을 돌이켜 하나님이 받으시는 예배를 드려야 한다.

모든 사람이 죄인이다. 바울의 고백처럼 죄인 중에서도 괴수다. 그런 우리에게 하나님께서 은혜를 주셔서 죄사함 받게 해 주시고, 또한 하나님 나라 일꾼으로 사용까지 해 주신 그 은혜를 생각할 때 감사할 일이다.

그리고 우리는 하나님을 믿으면서도 죄를 짓는다. 그런데 회개하면 또 용서해 주시고 죄를 범하는 사람을 벌하지 않으시고 계속 써주시는 은혜가 얼마나 크고 감사한 일인가? 이렇게 사용해 주시는 것만으로 감사하고, 현재의 자리에 있게 하신 것도 감사한데 박수받는 것이 옳은가?

죄인들이 하는 작은 일이라도 하나님께 영광이 된다면 이십사 장로들처럼 면류관을 벗어서 드려도 부족한 일인데, 예배 때마다 사람을 향해 박수 치게 하고 있다. 하나님께서 받으셔야 할 영광을 사람이 받고 있다. 이것은 말할 수 없이 큰 죄라고 생각하며, 마귀의 미혹이라고 생각한다.

여기서 간증을 하나 하려고 한다.

30년 전에 미국을 여행하면서 세계적으로 유명한 교회를 탐방했는데 한국에도 이름이 알려진 교회였다. 너무나 잘 지어져 있는 교회를 보고 감동을 받아서 "하나님. 저는 언제 이런 교회를 건축하여 하나님께 드릴 수 있을까요?"라고 기도했다. 그런데 예수님이 나타나셔서 "종아, 부러워하지 말라. 나는 한 번도 이 교회에 들어와 본 적이 없다."라고 말씀하시는 것이다.

나는 깜짝 놀랄 수밖에 없었다. 세계적인 교회와 목사가 있는 교회인데 주님은 한 번도 들어가시지 않았다니, 설교 예화집에 실려있던 이야기와 같았다.

한 흑인이 교회에 예배를 드리러 갔는데, 안내하는 백인이 여기는 백인만 예배드리므로 흑인은 들어갈 수 없다고 하여 못 들어가고 교회 밖에 서 있는데, 예수님이 나타나셔서 "슬퍼하지 마라. 나도 그 교회는 한 번도 들어가지 않았다."라고 말씀하셨다는 내용이다.

그 후, 한국에 와서 그런 교회가 있더라고 친구들에게 말하고, 설교시간에도 전하였다. 그 교회는 긍정적 사고방식을 강조하는 교회였다. 나는 교회는 믿음과 은혜를 강조해야 하는데, 긍정적 사고방식은 아니라고 생각했었다. 그리고 수십 년이 지났다.

어느 날, 국민일보에 기사 하나가 올라와 있었다. 긍정적 사고방식을 강조하던 그 교회가 부도나서 경매에 넘어가는데 몰몬교와 천주교가 입찰을 넣었다는 내용이었다. 참으로 안타까운 내용이었다.

이 같은 소식을 접했을 때, 주님이 한 번도 들어가지 않으셨다는 그 교회의 예배는 어떠했을까 두려운 마음으로 생각해 보게 된다.

교회를 맡아 운영하는 목회자들이 깊이 생각했으면 한다.

자신이 섬기는 교회에 하나님이 오시고 예배를 받으시는가?

예배의 순서가 하나님을 진심으로 경배하는 자리인가?

그렇지 않다면 즉시 고쳐야 할 것이다. 하나님이 받으시는 예배로 드려야 한다. 그렇게 하지 않으면 결국 마귀가 좋아하는 예배를 드리는 모양이 되고, 그런 교회는 하나님과 관계없게 되고 결국은 심판받는다.

예배 시간에 광고하는 것도 잘못된 것이다. 광고는 예배 후 2부 순서로 하면 되는데 하나님이 경배받으시는 시간의 순서에 왜 넣는 것인가? 그 광고를 하나님이 좋아하시는가? 광고가 하나님을 경배하는 일인가?

한국교회가 진심으로 정신 차리고 생각해 보았으면 한다. 하나님을 경외한다고 하면서 죄 짓는 일만 하고 있다. 이것이 마귀가 교회에 침투하여 만들어 놓은 덫이다. 이 중요한 것을 깨닫고 고치면 살고, 안 고치면 영적으로 죽는다.

〈능력자에게 경고〉

앞에서 언급했듯이 마귀의 능력도 무시할 수 없다. 성령 하나님이 행하시는 능력을 마귀도 똑같이 흉내 내어 행하기 때문에 능력만 보고 믿으면 망할 수 있다. 그러므로 능력을 행하는 사람들은 매우 조심해야 한다.

성령과 악령을 구별하지 못하면 악령에게 속아 영혼이 지옥 간다.

많은 사람이 악령인 줄 모르고 능력을 행하고는 지옥에 갔다. 항상 자신의 마음과 행동을 살펴서 거룩하고 청결하게 해야 한다. 그리고 성령의 열매, 선한 열매, 의의 열매가 맺히도록 살아야 한다.

이웃 사랑도 첫째는 가정에서 실천하고, 둘째는 교회에서 실천하고, 셋째는 사회에서 실천해야 한다.

성령의 능력을 받은 사람은 예수님의 마음과 삶을 본받는다. 사도 바울은 예수님의 가르침대로 사는 삶을 보여 주었다. 그러므로 우리도 사도 바울처럼 살아야 한다.

· 온유하고 겸손해야 한다.
· 낮아지고 섬겨야 한다.
· 검소하고 근면해야 한다.
· 하나님께 목숨도 드리고 이웃에게 피해를 주지 말고 도움을 주고 섬겨야 한다.
· 기도 많이 하고 성령 충만하고 능력이 나타나야 한다.
· 영광을 자기는 받지 말고 오직 하나님만 받으시도록 해야 한다.
· 마음을 비우고 욕심부리지 않고 정직해야 한다.
· 자기를 죽이고 사명을 짊어지고 예수님의 모습을 보여야 한다.
· 처음 신앙이 끝까지 변하지 말아야 한다.

7. 마귀의 종이 행하는 일

1) 시험해 보라.

마귀의 종인지 성령의 종인지 시험해 보라고 하신다.

(요일 4:1) "사랑하는 자들아 영을 다 믿지 말고 오직 영들이 하나님께 속하였나 분별하라 많은 거짓 선지자가 세상에 나왔음이라"

2) 예수님이 열매를 보고 구별하라고 하셨다.

마귀의 종은 열매가 나쁘다.

(마 7:20) "이러므로 그들의 열매로 그들을 알리라"

(마 12:33) "나무도 좋고 열매도 좋다 하든지 나무도 좋지 않고 열매도 좋지 않다 하든지 하라 그 열매로 나무를 아느니라"

(마 7:15-23) "[15] 거짓 선지자들을 삼가라 양의 옷을 입고 너희에게 나아오나 속에는 노략질하는 이리라

[16] 그들의 열매로 그들을 알지니 가시나무에서 포도를, 또는 엉겅퀴에서 무화과를 따겠느냐

[17] 이와 같이 좋은 나무마다 아름다운 열매를 맺고 못된 나무가 나쁜 열매를 맺나니

[18] 좋은 나무가 나쁜 열매를 맺을 수 없고 못된 나무가 아름다운 열매를 맺을 수 없느니라

[19] 아름다운 열매를 맺지 아니하는 나무마다 찍혀 불에 던져지느니라

[20] 이러므로 그들의 열매로 그들을 알리라

[21] 나더러 주여 주여 하는 자마다 다 천국에 들어갈 것이 아니요 다만 하늘에 계신 내 아버지의 뜻대로 행하는 자라야 들어가리라

[22] 그 날에 많은 사람이 나더러 이르되 주여 주여 우리가 주의 이름으

로 선지자 노릇 하며 주의 이름으로 귀신을 쫓아 내며 주의 이름으로 많은 권능을 행하지 아니하였나이까 하리니

[23] 그 때에 내가 그들에게 밝히 말하되 내가 너희를 도무지 알지 못하니 불법을 행하는 자들아 내게서 떠나가라 하리라”

3) 십계명을 지키지 않는다.

마귀의 종은 현대는 은혜 시대라고 하면서 구약은 지나갔으므로 십계명은 지키지 않아도 된다고 한다. 그러면서 자기에게 이익이 되는 것은 또 지키라고 한다.

(마 5:19) “그러므로 누구든지 이 계명 중의 지극히 작은 것 하나라도 버리고 또 그같이 사람을 가르치는 자는 천국에서 지극히 작다 일컬음을 받을 것이요 누구든지 이를 행하며 가르치는 자는 천국에서 크다 일컬음을 받으리라”

(마 19:17) “예수께서 이르시되 어찌하여 선한 일을 내게 묻느냐 선한 이는 오직 한 분이시니라 네가 생명에 들어 가려면 계명들을 지키라”

(요 14:15) “너희가 나를 사랑하면 나의 계명을 지키리라”

(요 14:21) “나의 계명을 지키는 자라야 나를 사랑하는 자니 나를 사랑하는 자는 내 아버지께 사랑을 받을 것이요 나도 그를 사랑하여 그에게 나를 나타내리라”

(요 15:10) “내가 아버지의 계명을 지켜 그의 사랑 안에 거하는 것 같이 너희도 내 계명을 지키면 내 사랑 안에 거하리라”

· 구약은 율법이라고 하며 십계명을 지키지 않는다.

· 하나님보다 더 사랑하는 우상이 있다.

- 특히 안식일을 안 지킨다.
- 주일에 예배드리고, 식당이나 카페에 가고, 여행을 가고, 장례식과 결혼식도 행한다.
- 부모를 공경하지 않는다. 자신은 부모를 돌보지 않으면서 교인들에게만 하라고 말한다.
- 미워하는 것이 살인이라고 하였는데 틀어지면 계속 미워한다.
- 음욕을 품은 자는 간음하였다고 하였는데 계속 음란한 생활을 한다.
- 도둑질하지 말라고 하였는데 하나님의 것을 도둑질한다.
- 거짓말하지 말라고 하였는데 자기 이익을 위하여 거짓말을 한다.
- 욕심부리지 말라고 하였는데 돈 욕심, 직분 욕심, 세상 욕심 등 모두 가지려고 한다.

4) 하나님 사랑과 이웃 사랑하라는 계명도 안 지킨다.

(막 12:28-33) "[28] 서기관 중 한 사람이 그들이 변론하는 것을 듣고 예수께서 잘 대답하신 줄을 알고 나아와 묻되 모든 계명 중에 첫째가 무엇이니이까

[29] 예수께서 대답하시되 첫째는 이것이니 이스라엘아 들으라 주 곧 우리 하나님은 유일한 주시라

[30] 네 마음을 다하고 목숨을 다하고 뜻을 다하고 힘을 다하여 주 너의 하나님을 사랑하라 하신 것이요

[31] 둘째는 이것이니 네 이웃을 네 자신과 같이 사랑하라 하신 것이라 이보다 더 큰 계명이 없느니라

[32] 서기관이 이르되 선생님이여 옳소이다 하나님은 한 분이시요 그 외에 다른 이가 없다 하신 말씀이 참이니이다

[33] 또 마음을 다하고 지혜를 다하고 힘을 다하여 하나님을 사랑하는 것과 또 이웃을 자기 자신과 같이 사랑하는 것이 전체로 드리는 모든 번제물과 기타 제물보다 나으니이다"

(요 14:24) "나를 사랑하지 아니하는 자는 내 말을 지키지 아니하나니 너희가 듣는 말은 내 말이 아니요 나를 보내신 아버지의 말씀이니라"

(요일 2:3) "우리가 그의 계명을 지키면 이로써 우리가 그를 아는 줄로 알 것이요"

(요일 2:4) "그를 아노라 하고 그의 계명을 지키지 아니하는 자는 거짓말하는 자요 진리가 그 속에 있지 아니하되"

(요일 2:7) "사랑하는 자들아 내가 새 계명을 너희에게 쓰는 것이 아니라 너희가 처음부터 가진 옛 계명이니 이 옛 계명은 너희가 들은 바 말씀이거니와"

(요 13:34) "새 계명을 너희에게 주노니 서로 사랑하라 내가 너희를 사랑한 것 같이 너희도 서로 사랑하라"

(요일 3:24) "그의 계명을 지키는 자는 주 안에 거하고 주는 그의 안에 거하시나니 우리에게 주신 성령으로 말미암아 그가 우리 안에 거하시는 줄을 우리가 아느니라"

(요일 4:21) "우리가 이 계명을 주께 받았나니 하나님을 사랑하는 자는 또한 그 형제를 사랑할지니라"

(요일 5:2) "우리가 하나님을 사랑하고 그의 계명들을 지킬 때에 이로써 우리가 하나님의 자녀를 사랑하는 줄을 아느니라"

(요일 5:3) "하나님을 사랑하는 것은 이것이니 우리가 그의 계명들을 지

키는 것이라 그의 계명들은 무거운 것이 아니로다"

(요이 1:4) "너의 자녀들 중에 우리가 아버지께 받은 계명대로 진리를 행하는 자를 내가 보니 심히 기쁘도다"

(요이 1:5) "부녀여, 내가 이제 네게 구하노니 서로 사랑하자 이는 새 계명 같이 네게 쓰는 것이 아니요 처음부터 우리가 가진 것이라"

5) 마음이 악하고 나쁘다.

(마 15:18-20) "[18] 입에서 나오는 것들은 마음에서 나오나니 이것이야말로 사람을 더럽게 하느니라 [19] 마음에서 나오는 것은 악한 생각과 살인과 간음과 음란과 도둑질과 거짓 증언과 비방이니 [20] 이런 것들이 사람을 더럽게 하는 것이요 씻지 않은 손으로 먹는 것은 사람을 더럽게 하지 못하느니라"

(막 7:21-23) "[21] 속에서 곧 사람의 마음에서 나오는 것은 악한 생각 곧 음란과 도둑질과 살인과 [22] 간음과 탐욕과 악독과 속임과 음탕과 질투와 비방과 교만과 우매함이니 [23] 이 모든 악한 것이 다 속에서 나와서 사람을 더럽게 하느니라"

변덕이 심하다. 이기적이다. 자기만 안다. 감정적이다.

6) 언어가 나쁘다.

성질이 나면 심한 언어로, 악을 품고 포악한 말을 한다. 완전히 마귀 종의 본모습을 보인다.

(마 12:34) "독사의 자식들아 너희는 악하니 어떻게 선한 말을 할 수 있느냐 이는 마음에 가득한 것을 입으로 말함이라"

(눅 6:45) "선한 사람은 마음에 쌓은 선에서 선을 내고 악한 자는 그 쌓은 악에서 악을 내나니 이는 마음에 가득한 것을 입으로 말함이니라"

(롬 3:13) "그들의 목구멍은 열린 무덤이요 그 혀로는 속임을 일삼으며 그 입술에는 독사의 독이 있고"

(롬 3:14) "그 입에는 저주와 악독이 가득하고"

(잠 20:19) "두루 다니며 한담하는 자는 남의 비밀을 누설하나니 입술을 벌린 자를 사귀지 말지니라"

(마 12:36) "내가 너희에게 이르노니 사람이 무슨 무익한 말을 하든지 심판 날에 이에 대하여 심문을 받으리니"

· 거짓말을 잘한다.
· 언행일치가 안 된다.
· 말로 상대방에게 상처를 준다.
· 남의 말을 많이 한다.
· 남의 흉을 많이 본다.
· 욕을 잘한다.
· 말이 거칠다.
· 불만, 불평이 많다.
· 과격한 언어를 많이 사용한다.
· 남이 틀렸다고 지적하면서 자기의 잘못을 모른다.
· 화를 내면 심한 말을 쏟아낸다.
· 세상 자랑을 많이 한다.

7) 행동이 나쁘다.

· 말은 천사 같은데 행동이 나쁘다.

· 게으르다.

· 여러 가지 핑계를 대고 일을 안 한다.

· 잔소리는 많은데 일은 안 한다.

· 아는 척은 하는데 일은 안 한다.

· 내로남불의 행동을 한다.

· 행함이 없는 죽은 믿음을 가지고 있다.

· 돈거래 결과가 안 좋다.

· 돈을 많이 요구한다.

· 성질을 잘 낸다.

· 행동이 거칠고 과격하다.

· 앞뒤를 가리지 않고 막무가내로 막되게 행동한다(일명 막가파).

· 교만하다.

· 죄가 죄인 줄 모른다.

· 배신한다.

· 자기 이익을 위하여 이기적인 행동을 한다.

· 자기 영이 죽는 길을 택한다.

· 가르쳐 주어도 모른다. 모르니까 안 고친다.

· 약속을 안 지킨다.

· 거짓말을 잘하는데 자신이 거짓말하는 줄도 모른다.

· 모든 것에 욕심이 많다.

8) 거룩하지 않다.

하나님은 거룩한 영이다. 그러므로 성령이 거하시면 거룩해진다. 그러나 악령이 들어간 사람은 거룩하지 않은 말과 행동을 한다.

(레 11:45) "나는 너희의 하나님이 되려고 너희를 애굽 땅에서 인도하여 낸 여호와라 내가 거룩하니 너희도 거룩할지어다"

(벧전 1:16) "기록되었으되 내가 거룩하니 너희도 거룩할지어다 하셨느니라"

9) 경건하지 않다.

(행 8:2) "경건한 사람들이 스데반을 장사하고 위하여 크게 울더라"

(행 10:2) "그가 경건하여 온 집안과 더불어 하나님을 경외하며 백성을 많이 구제하고 하나님께 항상 기도하더니"

(딤후 3:5) "경건의 모양은 있으나 경건의 능력은 부인하니 이같은 자들에게서 네가 돌아서라"

(딤후 3:12) "무릇 그리스도 예수 안에서 경건하게 살고자 하는 자는 박해를 받으리라"

(딤전 4:7) "망령되고 허탄한 신화를 버리고 경건에 이르도록 네 자신을 연단하라"

(약 1:26) "누구든지 스스로 경건하다 생각하며 자기 혀를 재갈 물리지 아니하고 자기 마음을 속이면 이 사람의 경건은 헛것이라"

10) 은사와 능력을 예수님처럼 행하지 않고 이상하게 행한다.

(마 4:10) "이에 예수께서 말씀하시되 사탄아 물러가라 기록되었으되 주 너의 하나님께 경배하고 다만 그를 섬기라 하였느니라"

(마 8:16) "저물매 사람들이 귀신 들린 자를 많이 데리고 예수께 오거늘 예수께서 말씀으로 귀신들을 쫓아 내시고 병든 자들을 다 고치시니"

예수님은 말씀으로 명령하여 귀신을 쫓아내고 병자를 고치시고 죽은 자를 살리셨다.

성령 춤, 안찰 치유기도, 손대지 말아야 할 곳에 손을 대고 안수하는 치유기도, 밀어서 넘어지게 하는 기도 등은 문제가 많다. 성령의 역사가 아닐 수도 있다.

11) 사치하고 허영을 많이 부린다.

(계 18:6-10) "[6] 그가 준 그대로 그에게 주고 그의 행위대로 갑절을 갚아 주고 그가 섞은 잔에도 갑절이나 섞어 그에게 주라

[7] 그가 얼마나 자기를 영화롭게 하였으며 사치하였든지 그만큼 고통과 애통함으로 갚아 주라 그가 마음에 말하기를 나는 여왕으로 앉은 자요 과부가 아니라 결단코 애통함을 당하지 아니하리라 하니

[8] 그러므로 하루 동안에 그 재앙들이 이르리니 곧 사망과 애통함과 흉년이라 그가 또한 불에 살라지리니 그를 심판하시는 주 하나님은 강하신 자이심이라

[9] 그와 함께 음행하고 사치하던 땅의 왕들이 그가 불타는 연기를 보고 위하여 울고 가슴을 치며

[10] 그의 고통을 무서워하여 멀리 서서 이르되 화 있도다 화 있도다 큰 성, 견고한 성 바벨론이여 한 시간에 네 심판이 이르렀다 하리로다"

12) 자기를 대단한 종이라고 높인다.

(살후 2:4) "그는 대적하는 자라 신이라고 불리는 모든 것과 숭배함을 받는 것에 대항하여 그 위에 자기를 높이고 하나님의 성전에 앉아 자기를 하나님이라고 내세우느니라"

13) 자신의 배만 위한다.

(롬 16:18) "이같은 자들은 우리 주 그리스도를 섬기지 아니하고 다만 자기들의 배만 섬기나니 교활한 말과 아첨하는 말로 순진한 자들의 마음을 미혹하느니라"

(딛 1:7-16) "[7] 감독은 하나님의 청지기로서 책망할 것이 없고 제 고집대로 하지 아니하며 급히 분내지 아니하며 술을 즐기지 아니하며 구타하지 아니하며 더러운 이득을 탐하지 아니하며

[8] 오직 나그네를 대접하며 선행을 좋아하며 신중하며 의로우며 거룩하며 절제하며

[9] 미쁜 말씀의 가르침을 그대로 지켜야 하리니 이는 능히 바른 교훈으로 권면하고 거슬러 말하는 자들을 책망하게 하려 함이라

[10] 불순종하고 헛된 말을 하며 속이는 자가 많은 중 할례파 가운데 특히 그러하니

[11] 그들의 입을 막을 것이라 이런 자들이 더러운 이득을 취하려고 마땅하지 아니한 것을 가르쳐 가정들을 온통 무너뜨리는도다

[12] 그레데인 중의 어떤 선지자가 말하되 그레데인들은 항상 거짓말쟁이며 악한 짐승이며 배만 위하는 게으름뱅이라 하니

[13] 이 증언이 참되도다 그러므로 네가 그들을 엄히 꾸짖으라 이는 그들로 하여금 믿음을 온전하게 하고

[14] 유대인의 허탄한 이야기와 진리를 배반하는 사람들의 명령을 따르지 않게 하려 함이라

[15] 깨끗한 자들에게는 모든 것이 깨끗하나 더럽고 믿지 아니하는 자들에게는 아무 것도 깨끗한 것이 없고 오직 그들의 마음과 양심이 더러운지라

[16] 그들이 하나님을 시인하나 행위로는 부인하니 가증한 자요 복종하지 아니하는 자요 모든 선한 일을 버리는 자니라"

14) 불법을 행한다.

(마 7:23) "그 때에 내가 그들에게 밝히 말하되 내가 너희를 도무지 알지 못하니 불법을 행하는 자들아 내게서 떠나가라 하리라"

(마 13:38-43) "[38] 밭은 세상이요 좋은 씨는 천국의 아들들이요 가라지는 악한 자의 아들들이요

[39] 가라지를 뿌린 원수는 마귀요 추수 때는 세상 끝이요 추수꾼은 천사들이니

[40] 그런즉 가라지를 거두어 불에 사르는 것 같이 세상 끝에도 그러하리라

[41] 인자가 그 천사들을 보내리니 그들이 그 나라에서 모든 넘어지게 하는 것과 또 불법을 행하는 자들을 거두어 내어

[42] 풀무 불에 던져 넣으리니 거기서 울며 이를 갈게 되리라

[43] 그 때에 의인들은 자기 아버지 나라에서 해와 같이 빛나리라 귀 있는 자는 들으라"

(딤전 2:12) "여자가 가르치는 것과 남자를 주관하는 것을 허락하지 아니하노니 오직 조용할지니라"

(마 23:28) "이와 같이 너희도 겉으로는 사람에게 옳게 보이되 안으로는 외식과 불법이 가득하도다"

15) 사두개인, 바리새인, 서기관, 제사장처럼 신앙생활한다.

(마 23:1-33) "[1] 이에 예수께서 무리와 제자들에게 말씀하여 이르시되

[2] 서기관들과 바리새인들이 모세의 자리에 앉았으니

[3] 그러므로 무엇이든지 그들이 말하는 바는 행하고 지키되 그들이 하는 행위는 본받지 말라 그들은 말만 하고 행하지 아니하며

[4] 또 무거운 짐을 묶어 사람의 어깨에 지우되 자기는 이것을 한 손가락으로도 움직이려 하지 아니하며

[5] 그들의 모든 행위를 사람에게 보이고자 하나니 곧 그 경문 띠를 넓게 하며 옷술을 길게 하고

[6] 잔치의 윗자리와 회당의 높은 자리와

[7] 시장에서 문안 받는 것과 사람에게 랍비라 칭함을 받는 것을 좋아하느니라 …

[13] 화 있을진저 외식하는 서기관들과 바리새인들이여 너희는 천국 문을 사람들 앞에서 닫고 너희도 들어가지 않고 들어가려 하는 자도 들어가지 못하게 하는도다 …

[15] 화 있을진저 외식하는 서기관들과 바리새인들이여 너희는 교인 한 사람을 얻기 위하여 바다와 육지를 두루 다니다가 생기면 너희보다 배나 더 지옥 자식이 되게 하는도다

[16] 화 있을진저 눈 먼 인도자여 너희가 말하되 누구든지 성전으로 맹세하면 아무 일 없거니와 성전의 금으로 맹세하면 지킬지라 하는도다 …

[23] 화 있을진저 외식하는 서기관들과 바리새인들이여 너희가 박하와

회향과 근채의 십일조는 드리되 율법의 더 중한 바 정의와 긍휼과 믿음은 버렸도다 그러나 이것도 행하고 저것도 버리지 말아야 할지니라

[24] 맹인 된 인도자여 하루살이는 걸러 내고 낙타는 삼키는도다

[25] 화 있을진저 외식하는 서기관들과 바리새인들이여 잔과 대접의 겉은 깨끗이 하되 그 안에는 탐욕과 방탕으로 가득하게 하는도다

[26] 눈 먼 바리새인이여 너는 먼저 안을 깨끗이 하라 그리하면 겉도 깨끗하리라

[27] 화 있을진저 외식하는 서기관들과 바리새인들이여 회칠한 무덤 같으니 겉으로는 아름답게 보이나 그 안에는 죽은 사람의 뼈와 모든 더러운 것이 가득하도다

[28] 이와 같이 너희도 겉으로는 사람에게 옳게 보이되 안으로는 외식과 불법이 가득하도다 …

[33] 뱀들아 독사의 새끼들아 너희가 어떻게 지옥의 판결을 피하겠느냐"

16) 돈을 많이 바치라고 강조한다.

(딤전 3:3) "술을 즐기지 아니하며 구타하지 아니하며 오직 관용하며 다투지 아니하며 돈을 사랑하지 아니하며"

(딤전 6:10) "돈을 사랑함이 일만 악의 뿌리가 되나니 이것을 탐내는 자들은 미혹을 받아 믿음에서 떠나 많은 근심으로써 자기를 찔렀도다"

(히 13:5) "돈을 사랑하지 말고 있는 바를 족한 줄로 알라 그가 친히 말씀하시기를 내가 결코 너희를 버리지 아니하고 너희를 떠나지 아니하리라 하셨느니라"

17) 자기에게 기도받으면 다 된다고 거짓말을 한다.

(요 8:44) "너희는 너희 아비 마귀에게서 났으니 너희 아비의 욕심대로 너희도 행하고자 하느니라 그는 처음부터 살인한 자요 진리가 그 속에 없으므로 진리에 서지 못하고 거짓을 말할 때마다 제 것으로 말하나니 이는 그가 거짓말쟁이요 거짓의 아비가 되었음이라"

(살후 2:9) "악한 자의 나타남은 사탄의 활동을 따라 모든 능력과 표적과 거짓 기적과"

(계 17:13) "그들이 한 뜻을 가지고 자기의 능력과 권세를 짐승에게 주더라"

18) 거짓말 잘하고 약속을 지키지 않는다.

(딤전 4:2) "자기 양심이 화인을 맞아서 외식함으로 거짓말하는 자들이라"

(요일 1:6) "만일 우리가 하나님과 사귐이 있다 하고 어둠에 행하면 거짓말을 하고 진리를 행하지 아니함이거니와"

(요일 2:4) "그를 아노라 하고 그의 계명을 지키지 아니하는 자는 거짓말하는 자요 진리가 그 속에 있지 아니하되"

(요일 4:20) "누구든지 하나님을 사랑하노라 하고 그 형제를 미워하면 이는 거짓말하는 자니 보는 바 그 형제를 사랑하지 아니하는 자는 보지 못하는 바 하나님을 사랑할 수 없느니라"

(계 21:8) "그러나 두려워하는 자들과 믿지 아니하는 자들과 흉악한 자들과 살인자들과 음행하는 자들과 점술가들과 우상 숭배자들과 거짓말하는 모든 자들은 불과 유황으로 타는 못에 던져지리니 이것이 둘째 사망이라"

(계 21:27) "무엇이든지 속된 것이나 가증한 일 또는 거짓말하는 자는 결

코 그리로 들어가지 못하되 오직 어린 양의 생명책에 기록된 자들만 들어가리라"

(계 22:15) "개들과 점술가들과 음행하는 자들과 살인자들과 우상 숭배자들과 및 거짓말을 좋아하며 지어내는 자는 다 성 밖에 있으리라"

19) 성품이 나쁘다.

(눅 8:15) "좋은 땅에 있다는 것은 착하고 좋은 마음으로 말씀을 듣고 지키어 인내로 결실하는 자니라"

착하고 좋은 마음으로 하나님의 말씀을 듣고 지키고 인내하는 사람은 100배의 열매를 맺는다. 반대로 착하고 좋은 성품이 아닌 사람은 좋은 열매를 맺지 못한다.

(눅 3:9) "이미 도끼가 나무 뿌리에 놓였으니 좋은 열매 맺지 아니하는 나무마다 찍혀 불에 던져지리라"

20) 자신을 '하나님의 사자', '영의 아버지'라고 하며 높임 받으려 한다.

(마 23:1-7) "[1] 이에 예수께서 무리와 제자들에게 말씀하여 이르시되

[2] 서기관들과 바리새인들이 모세의 자리에 앉았으니

[3] 그러므로 무엇이든지 그들이 말하는 바는 행하고 지키되 그들이 하는 행위는 본받지 말라 그들은 말만 하고 행하지 아니하며

[4] 또 무거운 짐을 묶어 사람의 어깨에 지우되 자기는 이것을 한 손가락으로도 움직이려 하지 아니하며

[5] 그들의 모든 행위를 사람에게 보이고자 하나니 곧 그 경문 띠를 넓게 하며 옷술을 길게 하고

[6] 잔치의 윗자리와 회당의 높은 자리와

[7] 시장에서 문안 받는 것과 사람에게 랍비라 칭함을 받는 것을 좋아하
느니라"

21) 성추행과 간음을 많이 한다.

여자들에게 병을 치료받으려면 몸을 만져야 한다는 거짓말로 가슴
이나 은밀한 곳에 손을 대고 기도한다.

마귀를 쫓는데 손가락에 능력이 있다고 거짓말을 하며 손대지 말
아야 할 곳에 손가락을 넣는다.

자기와 성관계를 하면 죄가 없어지고 깨끗한 몸이 된다고 속인다.
또 자기와 성관계하면 하늘에서 성녀가 된다고 거짓말로 속인다.

그 외에도 기상천외한 방법으로 여자들을 속여 몸을 만지거나 복
종하게 한다.

한 명이 아니라 여러 명의 여자를 속이고 농락한다.

(고전 6:9) "불의한 자가 하나님의 나라를 유업으로 받지 못할 줄을 알지
못하느냐 미혹을 받지 말라 음행하는 자나 우상 숭배하는 자나 간음하
는 자나 탐색하는 자나 남색하는 자나"

(히 13:4) "모든 사람은 결혼을 귀히 여기고 침소를 더럽히지 않게 하라
음행하는 자들과 간음하는 자들을 하나님이 심판하시리라"

(마 5:28) "나는 너희에게 이르노니 음욕을 품고 여자를 보는 자마다 마
음에 이미 간음하였느니라"

(계 2:22) "볼지어다 내가 그를 침상에 던질 터이요 또 그와 더불어 간음
하는 자들도 만일 그의 행위를 회개하지 아니하면 큰 환난 가운데에 던
지고"

여러 번 말하지만 능력이 있다는 자를 쉽게 믿지 말라. 성령의 역사인지 마귀의 역사인지 분별한 후에 결정하라.

그러나 분별하는 것도 내가 성경을 모르고 능력만 보면 마귀 들린 사람에게 속는다. 그러므로 분별의 은사와 지혜를 달라고 기도해야 한다. 그리고 마귀 역사 같으면 빨리 나와야 한다.

22) 광명한 천사로 가장하여 속인다.

(고후 11:14) "이것은 이상한 일이 아니니라 사탄도 자기를 광명의 천사로 가장하나니"

(고후 11:15) "그러므로 사탄의 일꾼들도 자기를 의의 일꾼으로 가장하는 것이 또한 대단한 일이 아니니라 그들의 마지막은 그 행위대로 되리라"

23) 마귀는 다른 종교도 구원이 있다고 말한다.

마귀의 종들은 예수 그리스도 외에 다른 것에도 구원이 있다고 말한다. 그들은 그런 사상을 가지고 세계 종교 통합운동에 참여하여 다른 곳의 구원을 말한다.

구원받아 영생 얻는 길은 오직 하나님을 믿고, 예수님을 그리스도로 영접하여 믿고, 성령 받아 죄인임을 깨닫고, 회개하여 죄 사함을 받아야 하는 것이다. 분명하게 예수님이 말씀하셨다.

(요 14:6) "예수께서 이르시되 내가 곧 길이요 진리요 생명이니 나로 말미암지 않고는 아버지께로 올 자가 없느니라"

베드로도 말하였다.

(행 4:12) "다른 이로써는 구원을 받을 수 없나니 천하 사람 중에 구원을 받을 만한 다른 이름을 우리에게 주신 일이 없음이라 하였더라"

24) 그 외의 잘못된 것들

· 성경 말씀을 알면서 안 지킨다.
· 능력은 있으나 행함이 나쁘다.
· 배운 것도 많지만 행함이 나쁘다.
· 돈거래가 안 좋다.
· 돈을 빌리고 갚지 않는다.
· 돈을 많이 요구한다.
· 돈에 애착이 심하다.
· 돈에 욕심이 많다.
· 설교 중에 꼭 헌금 이야기를 하고 지나간다.
· 교회의 돈을 개인의 돈처럼 사용한다.
· 높아지려고 한다.
· 높임 받는 것을 좋아한다.
· 군림하려고 한다.
· 명함에 직책을 많이 넣어 자신을 과시한다.
· 자기를 영의 아버지라 말한다.
· 교회 일에 게으르다.
· 기도를 안 하여 아무런 능력이 없다.
· 율법은 지나갔다고 말한다.
· 교회의 직분을 받을 자격이 없는데 받으려고 한다.
· 직분을 못 받으면 시험에 든다.
· 교회 직분을 받고 대접받으려 한다.
· 교회 일은 안 하면서 대접받으려 한다.
· 섬기지 않고 섬김을 받으려 한다.

· 하나님의 뜻은 이루지 않고 자기 뜻만 이루려고 한다.

· 자기는 죽지 않고 다른 사람만 죽인다.

· 교만하다.

· 자만, 거만, 오만하다.

· 이기적이다.

· 죄를 짓고도 죄를 모른다. 그래서 계속 반복한다.

· 회개할 줄 모른다.

· 음란하다.

· 간음을 회개하지 않는다.

· 마음이 더럽다.

· 사기를 치고 산다.

· 남의 것을 도적질한다.

· 양심이 없다.

· 화인 맞은 양심이다.

· 다른 사람은 망해도 자기만 잘되면 된다고 생각한다.

· 세상의 직책, 세상에서 가진 것, 외모, 가족 자랑을 많이 한다.

· 방탕하다.

· 우울증이 심하다.

· 죽고 싶다고 한다.

· 기도하지 않는다.

· 인본주의이다.

· 남을 잘 비평하고 자기만이 최고라고 한다.

· 이웃에게 말로 행동으로 피해를 준다.

· 교회를 팔아먹는다.

· 자기의 배만 위한다.

· 성경을 바르게 전하지 못하고 틀리게 전한다.

· 하나님의 말씀이 귀에 들어오지 않는다.

· 하나님 말씀에 무지하게 한다.

25) 하나님께서 가라지를 심판하신다.

(계 14:14-20) "[14] 또 내가 보니 흰 구름이 있고 구름 위에 인자와 같은 이가 앉으셨는데 그 머리에는 금 면류관이 있고 그 손에는 예리한 낫을 가졌더라

[15] 또 다른 천사가 성전으로부터 나와 구름 위에 앉은 이를 향하여 큰 음성으로 외쳐 이르되 당신의 낫을 휘둘러 거두소서 땅의 곡식이 다 익어 거둘 때가 이르렀음이니이다 하니

[16] 구름 위에 앉으신 이가 낫을 땅에 휘두르매 땅의 곡식이 거두어지니라

[17] 또 다른 천사가 하늘에 있는 성전에서 나오는데 역시 예리한 낫을 가졌더라

[18] 또 불을 다스리는 다른 천사가 제단으로부터 나와 예리한 낫 가진 자를 향하여 큰 음성으로 불러 이르되 네 예리한 낫을 휘둘러 땅의 포도송이를 거두라 그 포도가 익었느니라 하더라

[19] 천사가 낫을 땅에 휘둘러 땅의 포도를 거두어 하나님의 진노의 큰 포도주 틀에 던지매

[20] 성 밖에서 그 틀이 밟히니 틀에서 피가 나서 말 굴레에까지 닿았고 천육백 스다디온에 퍼졌더라"

26) 그 죗값을 받는다.

(계 22:18-19) "[18] 내가 이 두루마리의 예언의 말씀을 듣는 모든 사람에게 증언하노니 만일 누구든지 이것들 외에 더하면 하나님이 이 두루마리에 기록된 재앙들을 그에게 더하실 것이요

[19] 만일 누구든지 이 두루마리의 예언의 말씀에서 제하여 버리면 하나님이 이 두루마리에 기록된 생명나무와 및 거룩한 성에 참여함을 제하여 버리시리라"

(마 5:19-20) "[19] 그러므로 누구든지 이 계명 중의 지극히 작은 것 하나라도 버리고 또 그같이 사람을 가르치는 자는 천국에서 지극히 작다 일컬음을 받을 것이요 누구든지 이를 행하며 가르치는 자는 천국에서 크다 일컬음을 받으리라

[20] 내가 너희에게 이르노니 너희 의가 서기관과 바리새인보다 더 낫지 못하면 결코 천국에 들어가지 못하리라"

맹인이 맹인을 인도하는 것이다.

8. 마귀의 종을 구별하는 방법

1) 자신을 '성령'이나 '재림예수'라고 말한다.
2) 자신이 '하나님'이라고 하는 사람도 있다.
3) 자기를 믿어야 구원받는다고 말한다.
4) 다른 종교도 구원이 있다고 말한다.
5) 죄 사함 받지 않아도 구원받는다고 말한다.
6) 한 번 구원은 영원한 구원이라고 말한다.
7) 헌신이나 충성, 착한 행실로 구원받는다고 말한다.

이런 주장을 하는 사람은 모두 마귀의 종들이다. 이런 자들을 믿고 따르면 결과는 멸망이다.

제 22 장

마귀를 이기는 방법

1. 기도를 많이 해야 한다

(막 9:29) "이르시되 기도 외에 다른 것으로는 이런 종류가 나갈 수 없느니라 하시니라"

(요 9:31) "하나님이 죄인의 말을 듣지 아니하시고 경건하여 그의 뜻대로 행하는 자의 말은 들으시는 줄을 우리가 아나이다"

2. 하나님 사랑, 이웃 사랑의 계명을 지켜야 한다

(요 14:21) "나의 계명을 지키는 자라야 나를 사랑하는 자니 나를 사랑하는 자는 내 아버지께 사랑을 받을 것이요 나도 그를 사랑하여 그에게 나를 나타내리라"

마귀를 이기려면 반드시 하나님의 말씀을 깨닫고 지키면서 기도해야 한다.

하나님의 말씀과 계명을 지키는 사람은, 성령 하나님이 그 믿음을 인정하시고 마귀를 이기게 하시지만, 계속 하나님의 말씀을 불순종하면서 죄를 짓는 자의 기도는 응답하지 않으신다. 즉, 마귀를 이기지 못한다는 말이다.

(사 1:15-17) "[15] 너희가 손을 펼 때에 내가 내 눈을 너희에게서 가리고 너희가 많이 기도할지라도 내가 듣지 아니하리니 이는 너희의 손에 피가 가

득함이라

[16] 너희는 스스로 씻으며 스스로 깨끗하게 하여 내 목전에서 너희 악한
행실을 버리며 행악을 그치고

[17] 선행을 배우며 정의를 구하며 학대 받는 자를 도와 주며 고아를 위하여
신원하며 과부를 위하여 변호하라 하셨느니라"

마귀를 완전히 이기는 방법은 하나님 사랑과 이웃 사랑을 실천하는 것
이다. 즉, 하나님을 마음을 다하고 목숨을 다하고 뜻을 다하여 섬기고, 이
웃을 진심으로 사랑하여 섬기는 것이다. 그렇게 하면서 기도해야 성령 하
나님이 인정하시고 기도에 응답하신다.

3. 성령 충만해야 한다

(행 1:8) "오직 성령이 너희에게 임하시면 너희가 권능을 받고 예루살렘과
온 유대와 사마리아와 땅 끝까지 이르러 내 증인이 되리라 하시니라"

(행 4:31) "빌기를 다하매 모인 곳이 진동하더니 무리가 다 성령이 충만하
여 담대히 하나님의 말씀을 전하니라"

(고전 2:4) "내 말과 내 전도함이 설득력 있는 지혜의 말로 하지 아니하고
다만 성령의 나타나심과 능력으로 하여"

4. 마귀를 대적해야 한다

(엡 6:11) "마귀의 간계를 능히 대적하기 위하여 하나님의 전신 갑주를 입
으라"

(약 4:7) "그런즉 너희는 하나님께 복종할지어다 마귀를 대적하라 그리하
면 너희를 피하리라"

5. 하나님이 도와주셔야 한다

내 힘으로 안 된다. 그러므로 기도의 사람이 되어야 하고 하나님을 전적으로 의지하고 살아야 한다.

(빌 4:13) "내게 능력 주시는 자 안에서 내가 모든 것을 할 수 있느니라"

(히 2:4) "하나님도 표적들과 기사들과 여러 가지 능력과 및 자기의 뜻을 따라 성령이 나누어 주신 것으로써 그들과 함께 증언하셨느니라"

(눅 9:1) "예수께서 열두 제자를 불러 모으사 모든 귀신을 제어하며 병을 고치는 능력과 권위를 주시고"

6. 예수 그리스도의 이름으로 해야 한다

(요 14:14) "내 이름으로 무엇이든지 내게 구하면 내가 행하리라"

(막 16:17-18) "[17] 믿는 자들에게는 이런 표적이 따르리니 곧 그들이 내 이름으로 귀신을 쫓아내며 새 방언을 말하며

[18] 뱀을 집어올리며 무슨 독을 마실지 라도 해를 받지 아니하며 병든 사람에게 손을 얹은즉 나으리라 하시더라"

(눅 10:19) "내가 너희에게 뱀과 전갈을 밟으며 원수의 모든 능력을 제어할 권능을 주었으니 너희를 해칠 자가 결코 없으리라"

모든 목회자와 성도가 성령 충만받아 능력을 행하고, 마귀에게 속지 않고 사역하기를 간절히 바라는 마음으로 이 글을 마친다.

"십자가의 길은 사람을 살리는 길입니다."

기초반 양육교제

예수그리스도께서 가르쳐 주신 **기도와 능력** 값 10,000원

주기도문을 단순히 암송하며 기도하는 것을 넘어 그 의미를 바로 알고 삶에 적용하여 기도하는 법을 배웁니다. 예수님이 가르쳐 주신 대로 기도하면 절대로 잘못된 기도는 하지 않게 됩니다. 또 놀라운 영적 경험을 하게 될 것입니다. 자신이 변화하는 것을 느끼게 되며, 치유의 역사가 일어나는 것을 느낄 것입니다.

기도학교 값 3,500원

인간이 고통을 당하는 이유를 성경을 통해 명확하게 알려주며 자신의 모습을 돌아보게 합니다.

초급반 양육교제

인간의 삶 (개정판) 값 5,000원

인간이 고통을 당하는 이유를 성경을 통해 명확하게 알려주며 자신의 모습을 돌아보게 합니다.

새가족학교 값 5,000원

교회에 나오는 새가족들이 궁금해하는 모든 내용들을 정리하여 그들의 궁금증을 해결해 주어 정착하도록 돕습니다. 기독교의 기본 교리를 전달합니다.

새로운 삶 (개정판) 값 5,000원

우리의 주인이 나에서 하나님으로 바뀌었다는 것과 새로운 삶은 자유하는 삶임을 배웁니다. 하나님을 알고 살아가는 삶이 새로운 삶임을 깨닫습니다.

전인치유학교 (성도용) 값 9,000원

어떻게 하면 하나님이 사람을 치료하는 것을 찾아볼까 하는 고민 중에 본 치유 프로그램이 만들어졌습니다. 인본적인 치유가 아니라 성경적인 치유를 전제로 만든 프로그램입니다. 영혼이 죄, 마음의 상처, 육체의 질병이 치료되면서 변화를 받게 됩니다.

제자의 삶 (개정판) 값 5,000원

예수님의 진정한 제자는 어떻게 살아야 하는가를 성경적으로 권면합니다. 그리스도의 제자로서 버려야 할 것과 취해야 할 것을 배우고 실천하면서 리더가 됩니다.

목자예비학교 값 4,500원

교회의 영적 장교인 리더가 되는 훈련을 합니다. 평신도 리더로서 사역할 수 있도록 모든 소그룹 인도 방법을 자세하게 가르쳐 줍니다.

축복의 삶 (개정판) 값 5,000원

하나님의 자녀로서 축복받는 삶이 무엇인가를 배우며 기쁨과 감사함으로 살아가게 합니다.

전도학교 (예수전도법) 값 7,000원

예수전도법을 통하여 불신자를 전도하는 모든 방법을 가르쳐 전도는 누구나 할 수 있다는 자신감을 갖게 합니다.

교회생활 　　값 5,000원

교회생활 속에서 잘못하는 것들을 찾아 바르게 고쳐 하나님이 원하는 복 받는 사람이 됩니다.

목자학교 　　값 7,000원

하나님은 목자가 많이 세워지길 바라십니다. 그래서 하나님의 양들을 하나님의 말씀과 진리의 성령으로 인도하기를 원하십니다.

가정생활 　　값 5,000원

이제는 교회가 가정문제를 해결해야 합니다. 하나님의 말씀으로 교양과 인격, 가족의 구성원으로서의 책임과 의무를 배웁니다.

전인성품치유학교 　　값 7,000원

사람이 살아가면서 많이 부딪치는 중요한 문제들을 치유하는 내용을 다루었습니다.

헌신생활 　　값 5,000원

자신이 몸을 바쳐 갚아도 부족한 죄인이라는 것을 알게 되었기에 살아 있는 동안 최선을 다해 헌신합니다.

지도자훈련학교 　　값 5,000원

쉽게 교회에서 적용할 수 있는 훈련프로그램을 통하여 성도들이 복음을 전파하고 다른 성도를 양육하는 리더가 되게합니다.

복된생활 　　값 5,000원

복 받을 일을 하고도 복을 받지 못하는 이유를 배워 저주받는 일을 버리고 복 받을 일만 하여 하나님께 복 받는 성도가 됩니다.

50일 소원기도모임 　　값 5,000원

소원을 놓고 주기도문 순서에 맞춰 50일 동안 함께 기도하여 응답받습니다.

새가족학교 (교회학교)
값 4,500원

인간의 삶 (교회학교)
값 3,500원

새로운 삶 (교회학교)
값 3,500원

제자의 삶 (교회학교)
값 3,500원

축복의 삶 (교회학교)
값 3,500원

"십자가의 길은 사람을 살리는 길입니다."

단행본

당신은 구원받았습니까?　값 10,000원

완벽한 구원론은 성경 안에 있다. 구약과 신약이 동일한 구원론을 말씀하고 있다. 하나님은 변함이 없으신 분이다.

당신은 성령받았습니까?
악령받았습니까?　값 15,000원

성령을 받으면 하나님께 인정도 받는 것이고, 영생을 얻어 천국에도 들어가게 된다. 그리고 성령이 충만하게 되면 마귀와 귀신의 방해도 쉽게 이긴다. 그리고 자신의 인생이 좋은 방향으로 바뀐다.

요한계시록　값 15,000원

요한계시록을 쉽게 이해하라고 쓴 것입니다. 예수님의 재림을 인지하여 준비하라고 쓴 것입니다. 들림받지 못하는 성도들을 위해 대환란에서도 깨닫고 구원받는 길을 일러 주려고 쓴 것입니다. 이 단들이 예수 그리스도의 재림과 심판을 악용하는 데에 속지 말라고 씁니다. 요한계시록을 잘못 해석하는 곳이 많아 바르게 분별하라고 쓴 것입니다.

세계교회는 십자가의 길로 간다　값 8,000원

십자가의 길은 독자들에게 비전과 소망을 줄 것입니다. 목회의 목마름을 해갈해 줄 것입니다.
아울러 본 저서는 목회를 잘 해 보고자 하는 열심있는 목회자들과 목회에 지친 분들에게 새 힘을 불어넣는 좋은 책이 될 것입니다.

생명을 얻는 길(상)　값 15,000원

태신자의 눈높이에 맞춘 맞춤식 양육 교재입니다. 철저히 태신자의 입장에서 그들의 문제를 해결하고 있는 것이 본서의 특징입니다. 또한 기존 성도들도 태신자를 양육하면서 은혜 받고 하나님이 원하시는 신앙으로 바뀌게 됩니다.
'생명을 얻는 길'은 미니 전도지와 함께 사용하면 양육 효과가 더욱 크게 나타납니다.

폭발적 목장영적추수행사　값 3,500원

목장영적추수행사는 좀 더 체계적으로 훈련하여 성도의 생각을 바꾸고 생활 속에서 신앙적으로 전도 활동과 목장 집회를 갖도록 하는 획기적인 책입니다.
이 책이 제시하는 대로 시행한다면 누구든지 전도를 할 수 있으며 목장도 활성화되는결과를 얻게 될 것입니다.

영혼의 찬양　값 5,500원

십자가선교센터에서 선정한 200곡의 주옥같은 찬양을 수록하였습니다.

너희는 이렇게 기도하라　값 7,000원

하루를 여는 새벽시간에 개인적으로 읽고 묵상하며 경건의 시간을 갖도록 되어 있습니다. 교회에서 21일 특별 새벽기도회 기간에 활용하시면 큰 은혜의 시간이 될 것입니다.

교회건강검진　값 10,000원

건강한 교회와 성장하는 교회는 다른 시각으로 보아야 합니다. 건강하지 못해도 성장하는 교회가 있습니다. 이런 교회는 바람직하지 못합니다. 교회는 하나님 보시기에 건강해야 하고 또 성장해야 합니다. 그러기 위해서 검사 방법이 정확해야 합니다. 여기에 그 방법을 소개합니다.

목회자가반드시알아야할36가지(상)(하)　각 값 13,000

목회를 하면서 많은 시행착오를 겪었습니다. 누군가 코치를 해 주는 사람이 있었으면 좋았을 텐데 불행히도 없었습니다. 문제가 생길 때마다 좌절도 하고 낙심도 하였지만 다행히 하나님께서해결 주셔서 어려운 목회 문제를 풀 수 있었습니다. 그리고 많은 은혜를 주셨습니다. 이 책이 나와 같은 목회자들에게 도움이 되었으면 좋겠습니다.

유아세례 학습서　값 8,000원

아이들에게 있어 부모의 신앙은 매우 중요합니다. 그 이유는 아이들이 부모의 신앙을 그대로 배우기 때문입니다. 그러므로 유아 세례를 줄 때 부모를 함께 철저하게 교육시킬필요가 있습니다.

52주 목장집회(1,2)　각 값 15,000

예배는 구원 받은 사람들이 하나님을 경외하는 것입니다. 집회는 사람들이 모여서 하나님의 은혜 받기를 사모하는 것입니다. 예배와 집회는 전혀 다른 성격을 띠고 있습니다. 목장 집회는 하나님의 은혜를 받기 위한 특별한 모임입니다. 목장 집회의 중요한 리더 만들기와 기도 셀, 사랑의 실천, 불신자를 위한 모임 등을 실천하도록 하였습니다.

"신앙속에서 인성을 교육하다."

탈무드와 명심보감의 장점을 모아 우리가 살아가는데 꼭 필요한 인성을 기르기 위해 알아야 할 내용을
오래 기억에 남는 방법을 사용하여 개인뿐만 아니라 가족 모두가 함께 변화할 수 있도록 돕습니다.

교인보감 1
(유년부)

값 10,000원

교인보감 2
(유년부)

값 10,000원

교인보감 3
(유년부)

값 10,000원

교인보감 1
(초등부)

값 10,000원

교인보감 2
(초등부)

값 10,000원

교인보감 3
(초등부)

값 10,000원

교인보감 1
(중등부)

값 10,000원

교인보감 2
(중등부)

값 10,000원

교인보감 3
(중등부)

값 10,000원

교인보감 1
(고등부)

값 10,000원

교인보감 2
(고등부)

값 10,000원

교인보감 3
(고등부)

값 10,000원

교인보감 1
(대학청년부)

값 10,000원

교인보감 2
(대학청년부)

값 10,000원

교인보감 3
(대학청년부)

값 10,000원

교인보감 1
(장년부)

값 12,000원

교인보감 2
(장년부)

값 12,000원

교인보감 3
(장년부)

값 12,000원

"너희는 이렇게 기도하라."

기도훈련집

예수님이 '너희는 이렇게 기도하라'고 가르쳐 주신 기도문은 암송만 하라고 주신 것이 아니라,
뜻을 깨닫고 기도하라고 주신 것입니다. 예수님이 가르쳐 주신대로 기도하면
영혼이 살아나고, 평안이 있고, 힘과 능력이 나타납니다. 그리고 많은 응답을 받고 치유와 기적이 나타납니다.

기도훈련집 (스프링)
값 9,000원

기도훈련집 (포켓용)
값 4,000원

Training Book for Powerful Prayer
(영문판)(스프링) 값 15,000원

기도훈련집 (노년부)(스프링)
값 9,000원

기도훈련집 (유치, 유년부)
값 9,000원

기도훈련집 (초등부)
값 7,000원

기도훈련집 (청소년)
값 8,000원

맞춤전도지

❶ 복된 소식
값 300원

❷ 5분 복음제시
값 300원

❸ 인생을 아십니까?
값 300원

❹ 도를 아십니까?
값 300원

❺ 사람은 왜 고난이 많습니까?
값 300원

❻ 질병이 치료됩니다
값 300원

❼ 자신의 미래를 아십니까?
값 300원

❽ 인생문제 해결을 원하십니까?
값 300원

❾ 교회를 쉬고 계십니까?
값 300원

❿ 어떤 종교를 가지고 계십니까?
값 300원

홈페이지 http://www.52ch.kr 02)2617-2044 010-5950-4109